LIBRE ARBITRE

PAR

J. GARDAIR

Secrétaire de la Société de Saint Thomas d'Aquin

Extrait des *Annales de philosophie chrétienne.*

PARIS

BUREAUX DES *ANNALES DE PHILOSOPHIE CHRÉTIENNE*

20. RUE DE LA CHAISE, 20

1889

Imp. G. Saint-Aubin et Thevenot, Saint-Dizier. 30, passage Verdeau, Paris.

LE LIBRE ARBITRE

LE

LIBRE ARBITRE

PAR

J. GARDAIR

Secrétaire de la Société de Saint Thomas d'Aquin

Extrait des *Annales de philosophie chrétienne.*

PARIS

BUREAUX DES ANNALES DE PHILOSOPHIE CHRÉTIENNE

20, RUE DE LA CHAISE, 20

1889

LE LIBRE ARBITRE

La volonté humaine est-elle maîtresse de ses actes ? Quand elle paraît se décider elle-même à telle ou telle résolution, obéit-elle à une nécessité qui, pour être cachée, n'en serait pas moins irrésistible ? Ou bien choisit-elle elle-même ce qu'elle veut, et choisit-elle aussi de vouloir ou de ne vouloir pas ?

Question grave : car la liberté entraîne la responsabilité, sans laquelle il n'est pas de morale ; et la détermination nécessaire ferait de l'homme un animal indigne de louange ou de blâme, de récompense ou de châtiment.

Voilà pourquoi certaines âmes lâches, qui voudraient s'affranchir du remords et de la crainte d'avoir un jour un compte à rendre à la Justice souveraine, s'appliquent avec tant de soin à se persuader que l'homme n'a pas le libre arbitre, c'est-à-dire le pouvoir de choisir ce qu'il veut et de se déterminer à vouloir ou à ne pas vouloir.

Mais il faut reconnaître que la volonté humaine a vraiment ce libre pouvoir, quand elle se porte vers tel ou tel bien particulier, parce que l'intelligence qui l'éclaire lui montre ce bien comme une réalisation imparfaite du bien absolu, et que seul le bien absolu, le bien parfait, peut nécessiter l'adhésion de la volonté.

J'estime que cette raison donne la preuve fondamentale du libre arbitre, qu'elle est supposée implicitement par toute preuve solide de notre liberté, et que toute objection est impuissante à en détruire la valeur.

Aussi bien c'est sur elle que s'appuie S. Thomas, comme le montreront quelques extraits, que nous traduirons, de son immortelle *Somme théologique*.

I

Tout n'est pas libre dans la volonté : dans son fond même est une inclination naturelle et nécessaire, je ne dis pas vers tel ou tel bien, mais vers le bien.

Chez l'homme, à deux ordres de connaissance correspondent deux ordres d'appétit et d'inclination. Animal, il tend par un appétit inférieur vers le bien sensible et particulier, que lui désigne une appréciation instinctive ; être raisonnable, il tend par un appétit intellectuel, qui n'est autre chose que la volonté, vers le bien sous forme universelle, dont la vérité est saisie par l'entendement.

« Comme une représentation imaginative, sans appréciation d'un objet en tant que convenable ou nuisible, ne meut point l'appétit sensitif, ainsi l'appréhension du vrai, non saisi sous forme de bien ou de désirable, ne meut pas la volonté : voilà pourquoi ce n'est pas l'entendement spéculatif qui meut la volonté, mais l'entendement pratique, comme il est dit au 3ᵉᵐᵉ livre du traité *de l'Ame*. — L'appétit intellectuel, lors même qu'il se porte vers les choses qui sont singulières en dehors de l'âme, se porte cependant vers elles sous quelque forme universelle ; c'est ainsi qu'il tend vers une chose parce qu'elle est un bien. — Le bien en général, qui a nature de fin, est l'objet de la volonté[1]. »

Mais, de même que l'inclination de la vie animale, avant la perception du bien sensible, est naturellement adaptée et

1. Sicut imaginatio formæ sine æstimatione convenientis vel nocivi non movet appetitum sensitivum, ita nec apprehensio veri sine ratione boni et appetibilis : unde intellectus speculativus non movet, sed intellectus practicus, ut dicitur in III de *Anima* (I-II, 9, 1, ad 2). — Appetitus intellectivus, etsi feratur in res quæ sunt extra animam singulares, fertur tamen in eas secundum aliquam rationem universalem, sicut quum appetit aliquid quia est bonum (I, 80, 2, ad 2). — Bonum autem in communi, quod habet rationem finis, est objectum voluntatis (I-II, 9, 1).

conformée à ce bien ; de même il y a dans la volonté un
amour primitif qui, avant la connaissance du bien universel,
la prédispose à tendre vers ce bien dès que l'entendement le
lui présentera : cet amour est naturel ; il fait partie de la
constitution native de l'âme ; la volonté ne peut s'y sous-
traire, elle n'est pas libre de l'avoir ou de ne l'avoir pas; elle
est, non pas contrainte, mais nécessairement inclinée par sa
propre nature vers le bien que l'intelligence lui montre sous
forme universelle.

« Une nécessité naturelle ne répugne pas à la volonté.
Bien plus, il est nécessaire que, comme l'entendement adhère
de toute nécessité aux premiers principes, ainsi la volonté
adhère de toute nécessité à la fin dernière, qui est le bonheur. En effet, la fin est pour l'opération ce qu'est le principe pour la spéculation, comme il est dit au 2ème livre de la
Physique. Car ce qui convient naturellement et d'une manière immuable à une chose, doit être pour elle le fondement
et le principe de tout ; parce que la nature de la chose est
toujours ce qu'il y a de premier, et tout mouvement procède
d'un immobile. — Or, manifestement, tout ce qui tend vers
quelque fin a d'abord une aptitude, une proportion, à l'é-
gard de cette fin ; nul sujet ne saurait tendre vers une fin
qui ne lui serait pas proportionnée... Et l'aptitude même ou
la proportion de l'appétit à l'égard du bien, c'est l'amour,
qui n'est autre chose que la disposition à se plaire au bien.
— Il y a un amour naturel, non seulement dans les forces
de la vie végétative, mais dans toutes les puissances de
l'âme, et même dans toutes les parties du corps, et universellement en toutes choses ; en effet, comme le dit S. Denis
au chapitre 4ème du traité *des Noms divins,* « pour toutes cho-
« ses il est un beau et un bien aimables » : car chaque chose
a une disposition naturelle pour ce qui lui convient suivant
sa nature. — Ainsi donc, parce que l'homme a le caractère
naturel d'un être intellectuel, l'homme a naturellement une
inclination vers la fin dernière, c'est-à-dire vers le bonheur :
c'est un appétit naturel, qui n'est point sous l'empire du
libre arbitre[1]. »

1. Nec necessitas naturalis repugnat voluntati; quinimo necesse est

Il suffit de rentrer en nous-mêmes pour constater, par la conscience, cette inclination nécessaire de notre volonté à adhérer à l'objet que lui indique l'entendement quand il lui dit : « Voilà le bien ! »

Où est donc la liberté ? — L'analyse des mouvements de la volonté va nous le découvrir.

N'oublions pas qu'il s'agit de la volonté proprement dite, du vouloir intellectuel.

Or, quand je veux, de cette volonté, un bien particulier, je veux le bien dans ce bien ; c'est mon amour naturel du bien en soi qui s'applique à tel bien, réalisation relative et imparfaite du bien absolu que conçoit mon intelligence.

Mais pour nécessiter ma volonté, il faudrait l'objet même de son amour naturel, le bien *en soi*, le bien absolu, le bien parfait. Dieu seul est ce souverain Bien ; lui seul peut assouvir l'appétit naturel de l'âme intelligente.

Voyons-nous ici-bas Dieu, ce souverain Bien ? Evidemment non. Aussi notre âme ne se porte-t-elle pas nécessairement vers lui comme elle le fera un jour, quand Dieu se révélera à elle face à face.

« La volonté ne peut tendre à rien que sous la forme du bien. Mais, parce que le bien est multiple, à cause de cela la volonté n'est pas déterminée par nécessité à une seule

quod, sicut intellectus de necessitate inhæret primis principiis, ita voluntas ex necessitate inhæreat ultimo fini, qui est beatitudo. Finis enim se habet in operativis sicut principium in speculativis, ut dicitur in II *Physic.* Oportet enim quod illud quod naturaliter alicui convenit et immobiliter, sit fundamentum et principium omnium aliorum ; quia natura rei est primum in unoquoque et omnis motus procedit ab aliquo immobili (I, 82, 1). — Manifestum est autem quod omne quod tendit ad finem aliquem, primo quidem habet aptitudinem seu proportionem ad finem ; nihil enim tendit in finem non proportionatum... Ipsa autem aptitudo sive proportio appetitus ad bonum est amor, qui nihil aliud est quam complacentia boni (I-II, 25, 2). — Amor naturalis non solum est in viribus animæ vegetativæ, sed in omnibus potentiis animæ, et etiam in omnibus partibus corporis, et universaliter in omnibus rebus ; quia, ut Dionysius dicit cap. 4 *de Div. Nomin.*: *Omnibus est pulchrum et bonum amabile*, quum unaquæque res habeat connaturalitatem ad id quod est sibi conveniens secundum suam naturam (I-II, 26, 1, ad 3). — Ex eo igitur quod homo est aliqualis qualitate naturali quæ attenditur secundum intellectivam partem, naturaliter homo appetit ultimum finem, scilicet beatitudinem. Qui quidem appetitus naturalis est et non subjacet libero arbitrio (I, 83, 1, ad 5).

chose. — Un moteur cause de toute nécessité le mouvement dans un mobile, quand le pouvoir du moteur excède le mobile de telle sorte que la capacité de ce dernier soit dominée tout entière par le moteur. Mais, comme la capacité de la volonté est pour le bien universel et parfait, cette capacité n'est pas tout entière dominée par un bien particulier quelconque ; et voilà pourquoi la volonté n'est pas nécessairement mise en mouvement par un tel bien. — Il est impossible que la béatitude de l'homme soit en quelque bien créé. La béatitude, en effet, est un bien parfait, dans lequel se repose totalement l'appétit ; elle ne serait pas fin dernière, s'il restait encore quelque chose à désirer. Or l'objet de la volonté, c'est-à-dire de l'appétit humain, est le bien universel, comme l'objet de l'entendement est le vrai universel. Donc rien ne peut reposer la volonté de l'homme que le bien universel, lequel ne se trouve en rien de créé, mais seulement en Dieu : car la bonté de toute créature n'est qu'une part de bonté empruntée. Ainsi Dieu seul peut assouvir la volonté de l'homme, suivant cette parole du *Psaume* cii, v. 5 : *C'est lui qui remplit en béatitude ton désir.* Donc en Dieu seul est la béatitude de l'homme[1]. »

Il reste à l'âme, dans la vie présente, l'inclination naturelle et nécessaire vers le bien universel non personnifié en un Être infini qui soit vu en lui-même. Ce bien universel,

---

1. Voluntas in nihil potest tendere nisi sub ratione boni. Sed quia bonum est multiplex, propter hoc non ex necessitate determinatur ad unum... Movens tunc ex necessitate causat motum in mobili quando potestas moventis excedit mobile, ita quod tota ejus possibilitas moventi subdatur. Quum autem possibilitas voluntatis sit respectu boni universalis et perfecti, non subjicitur ejus possibilitas tota alicui particulari bono ; et ideo non ex necessitate movetur ab illo (I, 82, 2, ad 1 et ad 2.) — Impossibile est beatitudinem hominis esse in aliquo bono creato. Beatitudo enim est bonum perfectum, quod totaliter quietat appetitum ; alioquin non esset ultimus finis, si adhuc restaret aliquid appetendum. Objectum autem voluntatis, quæ est appetitus humanus, est universale bonum, sicut objectum intellectûs est universale verum. Ex quo patet quod nihil potest quietare voluntatem hominis nisi bonum universale ; quod non invenitur in aliquo creato, sed solum in Deo, quia omnis creatura habet bonitatem participatam. Unde solus Deus voluntatem hominis implere potest, secundum quod dicitur in *Psalm.* cii, 5 : *Qui replet in bonis desiderium tuum.* In solo igitur Deo beatitudo hominis consistit (I-II, 2, 8).

elle le veut comme son bien : elle veut avoir le bien absolu avec toute la plénitude de possession, toute la félicité de jouissance, que comporte sa nature intellectuelle.

« Nécessairement, tout ce que désire l'homme, c'est pour la fin dernière qu'il le désire ; et en voici une double preuve. D'abord, tout ce que désire l'homme, il le désire sous forme de bien ; et si l'objet n'est pas désiré comme le bien parfait, qui est la fin dernière, il faut nécessairement qu'il soit désiré comme tendant au bien parfait : car toujours le commencement est ordonné vers l'achèvement de ce qui commence, comme on le voit aussi bien dans les œuvres de la nature que dans les ouvrages de l'art ; et ainsi, tout commencement de perfection est ordonné vers la perfection consommée, qui s'obtient par la fin dernière. Secondement, la dernière fin se comporte, dans le mouvement donné à l'appétit, comme le premier moteur dans les autres motions. Or, manifestement, les causes secondes motrices ne meuvent qu'autant qu'elles sont mues par le premier moteur ; donc les seconds désirables ne meuvent l'appétit qu'en rapport avec le premier désirable, qui est la dernière fin[1]. »

Mais aucun bien particulier ne satisfait entièrement notre appétit volontaire, puisque tout bien de ce genre n'est qu'une réalisation partielle, limitée, incomplète, du bien absolu. Aussi, en présence d'un bien particulier quelconque, ne sommes-nous pas nécessairement inclinés vers ce bien : nous restons toujours libres de le vouloir ou de ne pas le vouloir, de vouloir celui-là ou d'en vouloir un autre, particulier aussi.

1. Necesse est quod omnia quæ homo appetit, appetat propter ultimum finem ; et hoc apparet duplici ratione. Primo quidem quia quidquid homo appetit, appetit sub ratione boni ; quod quidem, si non appetitur ut bonum perfectum, quod est ultimus finis, necesse est ut appetatur ut tendens in bonum perfectum ; quia semper inchoatio alicujus ordinatur ad consummationem ipsius, sicut patet tam in his quæ fiunt a naturâ quam in his quæ fiunt ab arte ; et ita omnis inchoatio perfectionis ordinatur in perfectionem consummatam, quæ est per ultimum finem. Secundo quia ultimus finis hoc modo se habet in movendo appetitum, sicut se habet in aliis motionibus primum movens. Manifestum est autem quod causæ secundæ moventes non movent nisi secundum quod moventur a primo movente ; unde secunda appetibilia non movent appetitum nisi in ordine ad primum appetibile, quod est ultimus finis (I-II, 1, 6).

« Dans le mouvement que chaque puissance reçoit de son objet, il faut considérer la raison par laquelle l'objet meut la puissance... Si l'objet proposé à la volonté est bon universellement et selon toute considération, de toute nécessité la volonté tend vers lui, si elle veut quelque chose ; car elle ne saurait vouloir le contraire. Mais si l'objet proposé n'est pas à tous les points de vue un bien, la volonté ne se porte pas de toute nécessité vers lui ; et comme un défaut dans un bien quelconque est un non-bien, seul le bien qui est parfait et sans défaut est un bien tel que la volonté ne peut pas ne pas le vouloir ; et c'est la béatitude. Tous les autres biens, biens particuliers de leur nature, en tant qu'il leur manque quelque chose par rapport à un genre de bien, peuvent être pris pour des non-biens ; et à cause de ce double point de vue, ils peuvent être rejetés ou acceptés par la volonté, qui peut se porter vers le même objet selon diverses considérations [1]. »

Donc l'inclination naturelle de l'âme vers sa félicité parfaite, toute nécessaire qu'elle est, est néanmoins le fondement même et le principe du libre arbitre. C'est ainsi que la volonté, déterminée nécessairement par sa nature à l'amour du bien universel et absolu, se détermine librement elle-même à choisir par amour tel ou tel bien particulier.

Voilà la preuve fondamentale de notre liberté.

En appliquant, dans son libre choix, son amour nécessaire du bien, la volonté fait comme l'entendement qui, déter-

---

1. In motu enim cujuslibet potentiæ a suo objecto consideranda est ratio per quam objectum movet potentiam... Unde, si proponatur aliquod objectum voluntati quod sit universaliter bonum et secundum omnem considerationem, ex necessitate voluntas in illud tendit, si aliquid velit ; non enim poterit velle oppositum. Si autem proponatur ei aliquod objectum quod non secundum quamlibet considerationem sit bonum, non ex necessitate voluntas fertur in illud : et quia defectus cujuscumque boni habet rationem non boni, ideo illud solum bonum quod est perfectum et cui nihil deficit est tale bonum quod voluntas non potest non velle, quod est beatitudo. Alia autem quælibet particularia bona, in quantum deficiunt ab aliquo bono, possunt accipi ut non bona ; et secundum hanc considerationem possunt repudiari vel approbari a voluntate, quæ potest in idem ferri secundum diversas considerationes (I-II, 10, 2.). — **Cf.** I-II, 13, 6.

miné par une nécessité naturelle à la conception des notions premières et des premiers principes, reste libre de donner ou de refuser son assentiment à certaines propositions particulières où il voit une connexion seulement imparfaite avec les principes premiers.

Le développement de ce parallèle entre la volonté et l'intelligence achèvera d'éclaircir la démonstration du libre arbitre.

Il est des vérités particulières nécessairement liées avec les premiers principes : l'entendement les affirme naturellement, nécessairement, pourvu qu'il voie clairement cette liaison. Le géomètre qui, par une suite de définitions et de théorèmes, a vu l'enchaînement irrésistible des axiomes fondamentaux de sa science avec cette proposition spéciale : « les trois angles d'un triangle sont égaux à deux angles droits », ne peut s'empêcher d'affirmer cette vérité et son application à tel angle individuel qu'il considère.

Mais, d'autre part, certaines propositions sont incapables de s'imposer impérieusement à l'intelligence, parce qu'elle peut les nier sans faire brèche aux premiers principes. L'entendement peut en reconnaître la probabilité plus ou moins grande ; il ne les affirme point comme absolument certaines, et dès lors il n'y adhère pas nécessairement ; l'assentiment qu'il y donnera peut-être, il est libre de le refuser. Un savant, M. Pasteur par exemple, annonce des faits nouveaux comme démontrés par ses expériences personnelles : mais ces expériences mêmes étaient sujettes à erreur, elles peuvent être diversement interprétées ; d'autres savants restent libres de révoquer en doute les conclusions qu'on en tire ; pour un esprit sérieux, ces conclusions sont probables, presque certaines, si vous voulez ; mais, lors même qu'elles parviendront à entrer dans le domaine des lois acceptées par la science, si elles sont alors considérées comme incontestables, c'est que personne n'aura intérêt à les contester. S'il s'agissait, au contraire, de lois qui eussent des conséquences pour la pratique morale, on verrait la liberté reprendre ses droits, et l'entendement pourrait joindre son indépendance à celle de la volonté pour se dérober à l'empire prétendu de pareilles assertions.

« La volonté n'est pas nécessitée à vouloir tout ce qu'elle
veut. En effet, il faut se le rappeler, comme l'entendement
adhère naturellement et de toute nécessité aux premiers
principes, ainsi fait la volonté pour la fin dernière. Or il est
certaines choses intelligibles qui n'ont pas une connexion
nécessaire avec les premiers principes : telles sont les propositions contingentes, que l'on peut repousser sans repousser pour cela les premiers principes ; et à de telles propositions l'entendement ne donne pas de toute nécessité son
assentiment. D'autres propositions sont nécessaires ; elles
ont une connexion nécessaire avec les premiers principes :
telles sont les conclusions démontrables que l'on ne peut pas
repousser sans repousser les premiers principes ; et à ces
propositions l'entendement donne de toute nécessité son
assentiment, dès qu'il connaît, par la déduction de la démonstration, la connexion nécessaire des conclusions avec
les principes. Mais il ne donne pas nécessairement son assentiment avant de connaître par la démonstration la nécessité
de cette connexion. Semblable est le rôle de la volonté. Il est
certains biens particuliers qui n'ont pas une connexion nécessaire avec la béatitude, parce que sans eux quelqu'un peut
être heureux ; et à ces biens la volonté ne donne pas nécessairement son adhésion. Il est d'autres biens qui ont une
connexion nécessaire avec la béatitude : par eux l'homme
adhère à Dieu, en qui seul est la vraie béatitude. Et cependant,
avant que la certitude de la vision divine ne rende évidente
la nécessité de cette connexion, la volonté n'adhère pas de
toute nécessité à Dieu, ni à ce qui est de Dieu. Mais la volonté
de celui qui voit Dieu par l'essence divine, adhère nécessairement à Dieu, comme maintenant nous voulons nécessairement être heureux. Il est donc manifeste que la volonté
ne veut pas par nécessité tout ce qu'elle veut[1] . »

1. Voluntas non ex necessitate vult quæcumque vult. Ad cujus eviden-
tiam considerandum est quod, sicut intellectus naturaliter et ex necessitate
inhæret primis principiis, ita voluntas ultimo fini. Sunt autem quædam
intelligibilia quæ non habent necessariam connexionem ad prima principia, sicut contingentes propositiones, ad quarum remotionem non sequitur
remotio primorum principiorum ; et talibus non ex necessitate assentit
intellectus. Quædam autem propositiones sunt necessariæ, quæ habent

Aussi libre que l'intelligence, la volonté a le pouvoir de choisir tel ou tel acte particulier qui réalise ou à l'apparence de réaliser quelque chose de ce bien absolu vers lequel tend nécessairement sa nature. Elle ne serait nécessitée dans son adhésion que si tel bien désigné par l'intelligence apparaissait comme une dépendance nécessaire du bien parfait. Or, dans la vie présente, l'entendement ne voit pas l'Être parfait, parfaitement bon ; il ne conçoit le bien absolu que par abstraction, et ce concept est tellement au-dessus de tous les biens relatifs dont la vue l'a fait naître, qu'aucun de ces biens partiels, limités, n'y paraît compris comme une dépendance nécessaire : tels qu'ils sont, ils ne tiennent pas au bien absolu ; ils n'en sont qu'une application incomplète. Ce bien-ci, comme celui-là, en est une application imparfaite ; aussi la volonté peut-elle choisir librement celui-ci ou celui-là, et même ne choisir ni l'un ni l'autre, son refus pour les deux pouvant lui paraître un bien préférable au choix d'un de ces biens.

« L'homme peut vouloir et ne pas vouloir, agir et ne pas agir ; il peut encore vouloir ceci ou cela : en voici la preuve, tirée de la puissance même de la raison. Tout ce que la raison peut saisir comme un bien, peut être objet de tendance pour la volonté. Or la raison peut saisir comme un bien, non seulement de vouloir ou d'agir, mais encore de ne pas vouloir ou de ne pas agir[1]. »

connexionem necessariam cum primis principiis, sicut conclusiones demonstrabiles, ad quarum remotionem sequitur remotio primorum principiorum ; et his intellectus ex necessitate assentit, cognita connexione necessaria conclusionum ad principia per demonstrationis deductionem. Non autem ex necessitate assentit, antequam hujusmodi necessitatem connexionis per demonstrationem cognoscat. Similiter etiam ex parte voluntatis. Sunt enim quædam particularia bona quæ non habent necessariam connexionem ad beatitudinem, quia sine his potest aliquis esse beatus ; et hujusmodi bonis voluntas non de necessitate inhæret. Sunt autem quædam habentia necessariam connexionem ad beatitudinem, quibus scilicet homo Deo inhæret, in quo solo vera beatitudo consistit. Sed tamen, antequam per certitudinem divinæ visionis necessitas hujus modi connexionis demonstretur, voluntas non ex necessitate Deo inhæret, nec his quæ Dei sunt. Sed voluntas videntis Deum per essentiam de necessitate inhæret Deo, sicut nunc ex necessitate volumus esse beati. Patet ergo quod voluntas non ex necessitate vult quæcumque vult (I, 82, 2).

1. Potest enim homo velle et non velle, agere et non agere ; potest

Si je considère un bien particulier quelconque, même parmi les plus relevés, par exemple la contemplation de la vérité dans la vie présente, ce bien, si conforme qu'il soit à ma nature dans ce qu'elle a de plus humain, c'est-à-dire de plus raisonnable, peut néanmoins me paraître imparfait, fût-il en présence de biens très inférieurs, par exemple de la satisfaction des sens, vue, ouïe, odorat, goût, toucher. C'est que maintenant les hautes facultés de mon âme n'atteignent qu'imparfaitement leur objet naturel. Ainsi, je ne puis contempler la vérité tout entière en elle-même : si profondément que je la pénètre, je reste en-deçà de la perfection intégrale de ma nature intelligente ; il me manque donc toujours quelque chose de mon bien parfait, et ce défaut est un non-bien qui laisse la place libre à l'amour volontaire d'un autre bien particulier, si imparfait qu'il soit. S. Paul, ravi en extase jusqu'à voir Dieu face à face, n'en reste pas moins exposé à une tentation d'appétit inférieur, dès l'instant qu'il ne voit plus Dieu : dès lors, en effet, malgré la sublimité de ses souvenirs, il n'est plus affranchi de la condition de l'homme naturel, et, si la grâce suffit pour lui donner le pouvoir de vaincre, elle ne suffit point pour l'exempter *nécessairement* de tout attachement de la volonté à un bien sensible, parce qu'elle ne détruit pas en lui l'amour naturel du bien, qui peut incliner sa volonté vers tout ce qui a quelque apparence de bien, en l'absence de la vision directe du bien parfait.

On le voit, la preuve du libre arbitre est, avant tout, une preuve métaphysique, fondée sur la nature intellectuelle de la volonté.

A mon avis, c'est sur cette preuve métaphysique que doivent être appuyés les arguments tirés, soit de la conscience que nous avons de notre liberté, soit du consentement unanime de tous les peuples, qui ont des lois, des récompenses et des peines supposant le libre arbitre, et de tous les hom-

etiam velle hoc aut illud : cujus ratio ex ipsa virtute rationis accipitur. Quidquid enim ratio potest apprehendere ut bonum, in hoc voluntas tendere potest. Potest autem ratio apprehendere ut bonum, non solum hoc quod est velle aut agere, sed hoc etiam quod est non velle et non agere. (I-II, 13, 6).

mes, pris individuellement, qui se plaignent et se vengent de l'injustice comme d'un acte émané d'une cause libre.

La preuve métaphysique, établie d'après l'observation attentive du choix librement volontaire, complète et illumine l'argument fourni par la simple conscience de notre liberté. La libre élection est un acte complexe, composé d'intelligence et de volonté; l'entendement délibère, pèse et compare les biens qui peuvent solliciter l'adhésion de la volonté, indique celui qui lui paraît préférable, mais celui qui est définitivement préféré est celui auquel la volonté a donné elle-même sa préférence; c'est un bien connu comme tel par l'entendement qu'elle préfère toujours, mais c'est elle qui pose définitivement la préférence.

« L'élection comprend une part de raison ou d'intelligence et une part de volonté. Aussi le Philosophe dit-il, au 6eme livre de l'*Ethique*, chapitre 2eme, que *l'élection est intelligence appétitive ou appétit intellectuel*. Or, toutes les fois que deux éléments concourent à constituer un tout doué d'unité, l'un d'eux est comme un principe *formel* à l'égard de l'autre. Voilà pourquoi Grégoire de Nysse, dans son livre *de la Nature de l'homme*, chapitre 33me vers la fin, dit que *l'élection n'est, en elle-même, ni appétit ni conseil seulement, mais un composé des deux*. Comme nous disons que l'animal est un composé d'âme et de corps, et n'est, en lui-même, ni corps ni âme seulement, mais âme et corps, ainsi faut-il dire de l'élection. — Mais, dans les actes de l'âme, l'acte qui vient essentiellement de telle puissance ou de telle disposition, reçoit sa forme et son caractère spécifique de la puissance ou disposition supérieure qui par supériorité ordonne ce qui est inférieur. Par exemple, un acte de courage accompli pour l'amour de Dieu est matériellement un acte de courage, mais formellement un acte de charité. Or, évidemment, la raison d'une certaine manière précède la volonté, dont elle ordonne l'acte : la volonté tend à son objet suivant l'ordonnance de la raison, en ce sens que la faculté qui saisit le vrai présente à l'appétit son objet. Ainsi donc, l'acte par lequel la volonté tend à quelque chose qui est proposé comme un bien, parce que cet acte est ordonné par la raison à la fin, est matériellement de la volonté, mais formellement de la raison. — Dans un composé de ce genre, c'est la substance de l'acte qui se comporte matériellement suivant l'ordre imposé par la puissance supérieure ; aussi l'élection, substantiellement, n'est pas un acte de raison, mais de volonté ; car l'élection s'accomplit dans un mouvement de l'âme vers le bien qui est choisi : elle est donc manifestement un acte de la puissance appétitive[1]. »

Tant que la volonté n'a pas posé son consentement, l'acte humain reste dans le domaine des jugements, il n'est encore qu'en formation ; dès que la volonté a dit : oui, il est accompli. La délibération peut être très rapide, à peine aperçue, mais, pour qu'un acte soit directement volontaire et libre, il faut que l'intelligence éclaire le consentement de la volonté : tout acte de libre arbitre suppose une certaine connaissance actuelle du bien universel partiellement réalisé dans un bien particulier, et une certaine application à un bien particulier de l'amour naturel de l'âme humaine pour le bien absolu. Notre conscience saisit, implicitement du moins, ce concours

---

1. In nomine electionis importatur aliquid pertinens ad rationem, sive ad intellectum, et aliquid pertinens ad voluntatem. Dicit enim Philosophus in VI *Ethic.* cap. 2, quod *electio est appetitivus intellectus vel appetitus intellectivus*. Quandocumque autem duo concurrunt ad aliquid unum constituendum, unum eorum est ut formale respectu alterius. Unde Gregorius Nyssenus vel Nemes., lib. *de Nat. hom.* cap. 33 prope fin., dicit quod *electio neque est appetitus secundum seipsam, neque consilium solum, sed ex his aliquod compositum*. Sicut enim dicimus animal ex animâ et corpore compositum esse, neque vero corpus esse secundum seipsum, neque animam solam, sed utrumque, ita et electionem. — Est autem considerandum in actibus animæ quod actus qui est essentialiter unius potentiæ vel habitus, recipit formam et speciem a superiori potentia vel habitu, secundum quod ordinatur inferius a superiori. Si enim aliquis actum fortitudinis exerceat propter Dei amorem, actus quidem ille materialiter est fortitudinis, formaliter vero charitatis. Manifestum est autem quod ratio quodammodo voluntatem præcedit et ordinat actum ejus, inquantum scilicet voluntas in suum objectum tendit secundum ordinem rationis, eo quod vis apprehensiva appetitivæ suum objectum repræsentat. Sic igitur ille actus quo voluntas tendit in aliquid quod proponitur ut bonum, ex eo quod per rationem est ordinatum ad finem, materialiter quidem est voluntatis, formaliter autem rationis. — In hujusmodi autem, substantia actûs materialiter se habet ad ordinem qui imponitur a superiori potentia ; et ideo electio substantialiter non est actus rationis, sed voluntatis ; perficitur enim electio in motu quodam animæ ad bonum quod eligitur : unde manifestus actus est appetitivæ potentiæ (I-II, 13, 1).

2

de l'entendement et de la volonté, elle voit que le bien particulier attire l'amour sans le nécessiter, qu'il l'attire parce qu'il est un bien, mais qu'il ne le nécessite point, parce qu'il est particulier, c'est-à-dire imparfait.

Quant au consentement de tous les hommes et de tous les peuples, il est fondé sur la conscience de chacun de nous, et par conséquent appuyé comme elle sur la nature de l'acte librement volontaire, telle que nous la révèle l'analyse précédente.

Ainsi armés, nous pouvons attendre de pied ferme les attaques des déterministes. Nous savons que la volonté choisit toujours un bien que l'intelligence lui montre comme réalisation du bien absolu, mais réalisation imparfaite qui a en soi la raison suffisante d'une préférence volontaire, mais ne peut nécessiter cette préférence[1].

II

Le déterminisme prend trois formes principales pour attaquer le libre arbitre : le caractère de ses objections est tantôt physique, tantôt psychologique, tantôt métaphysique. Mais, de quelque forme qu'il se revête, il ne réussit pas à entamer la solidité de la thèse qui établit notre liberté.

1º. — *Objection physique.*

Les progrès des sciences physiques, objecte tel savant de nos jours, ne laissent plus de place au libre arbitre. Si l'homme était libre, il pourrait à son gré imprimer à son corps un mouvement qui ne serait pas exclusivement la résultante du jeu d'ensemble des forces physiques qui tiennent tous les corps sous leur empire, le corps humain aussi bien que tous les autres. Mais, pour produire un tel mouvement, l'homme devrait créer une force nouvelle par sa propre liberté. Or, on ne peut plus en douter aujourd'hui, rien ne se crée, comme rien ne se perd, dans la nature : l'*énergie* prend des formes multiples, elle se déploie en des forces variées qui peuvent aussi se dissimuler à l'état latent,

1. Voir ci-après, p. 39.

mais, au fond, elle se conserve intégrale et invariable dans le monde. Les mouvements de notre corps qui nous paraissent les plus libres sont absolument déterminés par la combinaison de toutes les forces externes et internes auxquelles il ne peut pas ne pas obéir. Cette détermination se fait souvent sans violence, par le fonctionnement naturel d'un mécanisme parfaitement adapté à nos besoins: nous avons plaisir à être mus de cette manière, parce que nos tendances instinctives sont satisfaites ; mais rien en cela n'est œuvre d'une véritable liberté.

Eh bien ! non : l'homme n'est pas uniquement une pareille machine. Sans doute, il y a en lui toute une organisation de vie physique et animale qui, en soi, est incapable de se déterminer librement à agir ou à ne pas agir, à agir de telle manière plutôt que de telle autre, comme la plante et l'animal sont impuissants à faire acte de libre arbitre. Mais cette vie végétative et sensitive, loin de rendre impossible la liberté de l'âme humaine, est soumise à l'empire de cette liberté.

Et d'abord, peu m'importe que mes organes, mes sens, mon imagination, mes passions, soient par eux-mêmes incapables d'échapper à la tyrannie des forces physiques et de leurs propres tendances : pourvu que j'aie le pouvoir de refuser ou d'accorder mon consentement volontaire à ce qu'ils font en moi, je suis vraiment libre en tant qu'homme, c'est-à-dire comme être doué d'intelligence et de volonté.

Or, qui niera ce libre pouvoir de consentir ou de ne pas consentir ? On connaît la plainte de saint Paul : « Je ne fais pas le bien que je veux ; mais le mal que je ne veux pas, je le fais[1]. » Sans doute, c'est une sorte d'esclavage, que d'être forcé d'assister, sans y consentir, à quelque agitation de notre corps ; mais aussi, c'est une liberté, que de ne pas être forcé d'y consentir.

« Quoique la volonté ne puisse pas faire que certain mouvement d'appétit inférieur ne surgisse point, cependant

---

1. Non enim quod volo bonum, hoc ago ; sed quod odi malum, illud facio... Non enim quod volo bonum, hoc facio ; sed quod nolo malum, hoc ago (*Ep. ad Romanos*, VII, 15, 19).

la volonté peut ne pas vouloir ce mouvement, ou ne pas y consentir ; et ainsi, elle n'est pas nécessitée à le suivre[1]. »

Mais ce n'est pas tout : j'ai, par ma libre volonté, un véritable empire sur la partie non raisonnable de moi-même. Cet empire s'exerce par une influence hiérarchique des puissances de l'âme agissant les unes sur les autres. La volonté, éclairée par l'intelligence, agit à son tour sur la raison et lui fait ordonner, commander une opération. La raison proprement dite, c'est-à-dire celle qui saisit l'universel, ne conçoit rien, dans la vie présente, sans le secours d'une image sensible ; et cette coopération de l'imagination est le nœud de l'influence intellectuelle et volontaire sur l'homme animal et corporel. L'imagination, qui est naturellement accompagnée d'appréciation instinctive, est le trait d'union entre la *raison universelle* et cette faculté d'apprécier les caractères individuels qui, dans l'homme, est une sorte de raison, mais de *raison particulière*. Cette puissance de juger l'individuel éveille l'inclination sensible, de laquelle dépend la puissance motrice qui transmet en définitive la motion physique aux organes ; et ces derniers exécutent le mouvement, s'ils sont convenablement disposés pour obéir. Ainsi, imagination, appréciation instinctive, inclination sensible et puissance motrice, telles sont les facultés qui agissent successivement pour communiquer au corps les ordres de la raison sous la motion de la volonté.

Dans cette série d'influences multiples, qui peuvent être extrêmement rapides, où est la production de force physique, d'énergie corporelle ? Elle peut être, ce me semble, dès le moment où un organe intervient : c'est-à-dire au point où l'imagination, dépendante du cerveau, entre dans la série, à ce point que j'ai appelé le nœud de l'influence intellectuelle et volontaire. Là est une variation d'énergie qui ne vient pas uniquement de la combinaison physique des forces auxquel-

---

1. Etsi voluntas non possit facere quin motus concupiscentiæ insurgat, de quo Apostolus dicit, *Rom.* VII, 15 : *quod odi malum, illud facio,* id est, *concupisco,* tamen potest voluntas non velle concupiscere, aut concupiscentiæ non consentire ; et sic non ex necessitate sequitur concupiscentiæ motum (I-II, 10, 3, ad 1).

les notre corps est soumis comme tous les corps, ni du jeu nécessaire des puissances végétatives et animales qu'il porte en lui.

Mais, il faut le remarquer, cette variation ne doit pas s'appeler une *création* d'énergie, si l'on entend ce mot de *création* au sens rigoureux. Elle est simplement l'accessoire naturel, dans l'organe cérébral, d'une production d'image sensible par l'âme, dont la faculté d'imagination n'est point indépendante du corps. Quant à cette production d'image, elle est l'accessoire naturel de l'acte intellectuel qu'elle accompagne : les deux opérations s'enchaînent, parce que les puissances d'où elles naissent ont leur source fondamentale dans la même âme humaine.

Telle qu'elle est, cette variation d'énergie est-elle absolument incompatible avec la loi prétendue de la conservation invariable de l'énergie physique ?

Mais qui peut affirmer que cette loi soit absolument rigoureuse dans la nature ?

La mécanique rationnelle proclame bien haut qu'elle démontre *a priori* la conservation de l'énergie comme une vérité certaine. Cependant, regardons-y de près ; nous verrons qu'elle prouve seulement ceci : « dans un système de points matériels mus exclusivement par leurs forces attractives et répulsives dont les intensités ne dépendent que des distances, la diminution de l'énergie potentielle est toujours égale à l'accroissement de l'énergie actuelle ou force vive, et l'accroissement de l'énergie potentielle est toujours égal à la diminution de l'énergie actuelle ; de sorte que la somme des énergies potentielles et des énergies actuelles est toujours constante[1]. » On voit, par l'énoncé même de cette loi, qu'elle ne concerne nullement les cas où des corps seraient soumis à d'autres actions que celles de leurs forces attractives et répulsives. Qu'une cause indépendante du système vienne à interposer son action : voilà l'équilibre rompu ; l'énergie peut subir une variation imprévue.

---

1. Voir : Helmholtz, *Mémoire sur la conservation de la force*; — Lionel Dauriac, *Des notions de matière et de force dans les sciences de la nature*, p. 142.

Le docteur Mayer, d'Heilbronn, dans son mémoire de 1842, s'était appliqué à établir par le raisonnement la conservation invariable de l'énergie dans les manifestations successives des forces de la nature, et notamment dans la transformation du mouvement mécanique en chaleur. Il s'appuyait sur cet axiome : « il y a égalité entre l'effet et la cause », pour conclure que la chaleur produite par un mouvement précédent est toujours équivalente à la quantité du mouvement détruit. « S'il est démontré, ajoutait-il, que dans beaucoup de cas la disparition du mouvement n'a pas d'autre suite appréciable qu'une production de chaleur, nous devons préférer l'hypothèse d'une relation de causalité à celle qui ferait de la chaleur un effet sans cause et du mouvement une cause sans effet[1]. » Fort bien : mais, dirai-je encore, si une autre cause intervient, qui soit capable de produire de la chaleur, la chaleur totale produite ne sera plus seulement équivalente au mouvement, mais elle sera mesurée par l'efficacité de toutes les causes qui l'auront engendrée. Or, il n'est pas prouvé *a priori* qu'une action de l'âme soit incapable de produire, directement ou indirectement, de la chaleur dans le corps.

Si le raisonnement *a priori* est impuissant à démontrer l'incompatibilité de la loi de la conservation de l'énergie avec l'action de l'âme libre sur l'organisme, peut-on, du moins, chercher cette démonstration dans l'expérience ? Non : le déterminisme physique n'a pas même ce refuge.

Comment, en effet, aucune expérience prouverait-elle rigoureusement que l'énergie totale est absolument invariable dans le monde des corps ? Ne sait-on pas que toute observation et toute expérimentation humaines sont sujettes à erreur et ne peuvent donner que des résultats approximatifs. Voyez si l'on a pu déterminer avec une exactitude parfaite l'équivalent mécanique de la chaleur, c'est-à-dire le travail mécanique qui correspond à la disparition de l'unité de chaleur appelée *calorie*. Le calcul indiqué par le docteur Mayer donne, pour l'évaluation de ce travail, 424 kilogrammètres et

---

1. Voir : *Dictionnaire de chimie* de Wurtz, art. *Chaleur*, p. 816.

3 dixièmes. Joule a trouvé 424 kilogrammètres ; mais c'est en prenant la moyenne d'un grand nombre d'expériences. M. Hirn et M. Favre ont fait, à leur tour, d'autres expériences, qui ont donné, en moyenne, un nombre voisin de 425 ; et, en définitive, c'est le nombre 425 qui a été adopté dans la pratique. Mais ce nombre n'est qu'un résultat approximatif des expériences ; il n'est pas même la moyenne exacte des résultats successifs obtenus, mais seulement à peu près cette moyenne : chaque expérience prise à part a pu donner un autre nombre. Qui donc prétendrait démontrer rigoureusement, par l'expérience, qu'aucune modification ne peut être apportée par l'action libre de l'âme sur le corps, à l'énergie physique qui se conserve dans la nature [1] ?

Ainsi, la psychologie et la métaphysique n'ont point à s'émouvoir d'un déterminisme appuyé sur la loi de la conservation de l'énergie.

2°. — *Objection psychologique.*

Le libre arbitre trouvera-t-il un adversaire plus redoutable dans un déterminisme armé d'arguments psychologiques ?

La liberté du consentement et de l'élection volontaires n'est, dit-on, qu'une illusion. En réalité, c'est toujours le motif considéré comme le plus fort qui détermine le consentement et le choix. L'intelligence n'est pas libre de son appréciation ; elle déclare certain ou probable ce qui lui apparaît comme tel ; elle voit tel objet plus ou moins préférable, tel motif de choisir plus ou moins digne de l'adhésion de la volonté ; mais elle ne peut juger autrement qu'elle ne voit. Si elle hésite à se prononcer, c'est qu'elle n'a pas une vue assez claire des choses ; et si elle prononce qu'il n'y a pas lieu de choisir, c'est que les motifs lui semblent avoir exactement la même valeur les uns que les autres : sa délibération aboutit donc toujours à une conclusion qui s'impose. La volonté, à son tour, suit toujours l'appréciation

---

1. Cf. Fonsegrive, *Essai sur le libre arbitre*, p. 328 et suiv.

définitive de l'intelligence ; elle ne fait pas le choix, elle le subit ; elle ne peut pas ne pas vouloir ce qui lui est montré comme préférable ; et lorsqu'elle ne veut pas, c'est que l'entendement lui indique qu'il ne faut pas vouloir.

Cette objection accepte le caractère intellectuel de l'acte volontaire ; elle s'en fait un instrument de combat pour renverser la théorie du libre arbitre. Si on la poussait à bout, elle ferait appel à un principe rationnel qui soutient tout l'édifice de l'intelligence, au principe de raison suffisante, et elle condenserait ainsi son attaque : tout a sa raison d'être ; or, si la volonté est libre de porter arbitrairement sa préférence où il lui plaît, sans obéir au jugement de la raison, ce bon plaisir et cette préférence sont sans raison d'être ; donc le libre arbitre est inadmissible.

Dans ce suprême effort, l'objection prend une tournure quelque peu métaphysique ; mais ne lui refusons pas cette satisfaction : elle n'y trouvera pas une force invincible.

Le déterminisme fait ici confusion entre l'appréciation simplement intellectuelle et l'élection, à la fois intellectuelle et volontaire, qui complète l'acte humain. Sans doute, quand la volonté a choisi librement, elle a donné au jugement rationnel une force prépondérante, et en ce sens on peut dire que l'acte volontaire est conforme nécessairement à un jugement définitif de l'intelligence. Mais ce jugement, c'est la volonté qui le rend définitif ; avant sa libre décision, il n'était que provisoire : c'est par une application de son libre arbitre qu'elle lui donne sa valeur dernière. Tout consentement libre et direct de la volonté est fondé ainsi sur une indication de l'intelligence, que le libre arbitre s'approprie parce qu'il décide lui-même de la faire sienne en y adhérant, et non parce que l'intelligence lui impose sa propre manière de voir. Une fois l'adhésion consommée, jugement et consentement ne font qu'un ; mais cette constitution des deux actes en un seul est l'œuvre libre de la volonté.

Et en effet, comment un bien jugé préférable par l'entendement pourrait-il déterminer nécessairement la volonté à le choisir ? Comment un bien particulier quelconque, présenté comme bien par l'intelligence, pourrait-il nécessiter le consentement de la volonté ? Puisqu'un tel bien ne satisfait point totalement l'aspiration naturelle de notre âme, il ne peut que solliciter notre inclination, il ne peut nous forcer à le vouloir. Son ampleur est insuffisante pour remplir la capacité de notre volonté, et ce qui lui manque est une raison suffisante pour le faire rejeter ; car c'est la plénitude que nous voulons naturellement.

Quelle est donc, en définitive, la raison d'être du consentement, de la préférence du libre arbitre ? Elle est à double face : d'un côté, la soif du bonheur parfait qui nous fait constamment chercher du bonheur quelque part ; de l'autre, la dose restreinte de bonté que possède tout bien de la vie présente. Cette bonté étant réelle, notre amour naturel du bien peut s'y attacher ; mais, comme elle est imparfaite en chaque bien particulier, notre inclination, toujours incomplètement satisfaite, peut librement se porter tantôt vers celui-ci, tantôt vers celui-là ; et même librement se montrer indifférente à tout bien d'ici-bas, parce que librement elle peut prendre comme un bien cette apparente indifférence.

Ainsi, la volonté a vraiment le libre arbitre de ses actes, parce que c'est elle-même qui donne force décisive aux motifs intellectuels qui la font agir.

3°. — *Objection métaphysique.*

Le déterminisme ne s'avoue pas vaincu, et le voici qui s'avance résolument sur le terrain de la métaphysique, prétendant porter ses coups jusqu'à la racine des choses.

Toute liberté est impossible, s'écrie-t-il, parce que Dieu même, créateur et maître souverain de tous les êtres, n'a pu vouloir donner et laisser l'être qu'à un ensemble de créatures aussi parfait que possible. Si tout paraît imparfait, c'est que nous ignorons la raison dernière de ce qui existe et de ce qui se fait ; mais cette raison, que Dieu voit, donne à chaque chose une bonté nécessaire. Le libre arbitre serait une cause d'imprévu, une source d'actes non ordonnés au plan rigoureux de la création : Dieu n'a pu le vouloir, parce qu'il ne peut vouloir l'incohérent et l'arbitraire.

Un tel déterminisme, loin d'exalter la perfection divine, la rabaisse, parce qu'il ne saisit pas l'infinie supériorité de Dieu sur tout ce qui n'est pas lui-même. Précisément parce que Dieu est l'Être infiniment parfait, aucun être créé ne peut représenter, si ce n'est imparfaitement, la nature divine. Aussi nulle créature n'a-t-elle en soi de quoi motiver nécessairement l'acte créateur. Dieu crée donc toujours librement; et il crée ce qu'il veut, parce qu'il veut le créer. Le degré de perfection qu'une créature quelconque possède, elle le tient du libre arbitre de Dieu, qui départit à toutes choses la dose d'être qu'il lui plaît[1]. Or, en nous comme en Dieu, le libre arbitre est une certaine perfection, et d'autant plus grande qu'il est de sa nature de n'être nécessité que par le bien absolument parfait, et que c'est précisément cette prérogative qui le fait libre. Donc Dieu a pu le créer comme un degré d'être, image réelle, quoique inégale, de sa propre liberté. S'il ne l'avait point fait, une beauté manquerait à son œuvre.

Le déterminisme insiste. Le libre arbitre est impossible, dit-il, parce qu'il est inconciliable avec la prescience et la toute-puissance de Dieu. Ce que Dieu a prévu, doit nécessairement arriver : donc les actes même de la volonté humaine sont déterminés d'avance. Rien ne se fait qui ne soit ordonné par la volonté immuable de Dieu : donc l'homme n'a pas le libre domaine de ses actions ; il croit se gouverner lui-même, mais c'est la Providence suprême qui le mène infailliblement où elle veut et comme elle veut.

Pour répondre à ces arguments, il suffira de bien préciser la nature de la prescience et du gouvernement de Dieu[2].

La science divine appelée prescience n'est en réalité qu'une science supérieure au temps : elle embrasse dans une seule vue le passé, le présent et l'avenir.

« Ce qui se fait dans le temps est connu par nous successivement dans le temps, mais connu de Dieu dans l'éternité, qui est au-dessus du temps. Aussi nous, qui connais-

---

1. *Sum. th.*, I, 19, 3 ; I, 19, 10. — *Qq. disput.*, *de Potentia*, 3, 15 ; *de Veritate*, 23, 4 ; 24, 3.
2. Voir ci-après, p. 46.

sons les *futurs contingents* en tant qu'ils sont un avenir qui pourrait ne pas arriver, ne pouvons-nous les connaître avec certitude ; Dieu seul peut les connaître infailliblement, parce que son intelligence est dans l'éternité au-dessus du temps : de même, celui qui marche dans un chemin, ne voit pas ceux qui viennent après lui ; mais celui qui, placé sur une hauteur, voit de là le chemin tout entier, voit d'un seul coup d'œil tous ceux qui passent dans ce chemin. — Ainsi, quoique les contingents soient faits successivement, cependant Dieu ne les connaît pas comme nous, successivement, tels qu'ils sont en eux-mêmes, mais tous ensemble ; parce que sa connaissance est mesurée par l'éternité, comme son être : or l'éternité, existant tout entière à la fois, embrasse le temps tout entier. Voilà pourquoi tout ce qui est dans le temps est présent à Dieu de toute éternité, non pas seulement parce que Dieu a présentes en lui-même les raisons des choses, comme on le dit quelquefois ; mais parce que son intuition se porte de toute éternité sur toutes choses, en tant que pour lui elles sont toujours présentes. Il est donc évident que les contingents sont connus de Dieu infailliblement, parce qu'ils sont sous le regard divin comme présents ; et cependant, ce sont bien des *futurs contingents*, par rapport à leurs causes les plus prochaines[1]. »

Il n'est donc pas exact de dire que les actes de la volonté

---

1. Ea quæ temporaliter in actum reducuntur, a nobis successive cognoscuntur in tempore, sed a Deo in æternitate, quæ est supra tempus. Unde nobis, quia cognoscimus futura contingentia in quantum talia sunt, certa esse non possunt, sed soli Deo, cujus intelligere est in æternitate supra tempus : sicut ille qui vadit per viam, non videt illos qui post eum veniunt ; sed ille qui ab aliquâ altitudine totam viam intuetur, simul videt omnes transeuntes per viam. — Et licet contingentia fiant in actu successive, non tamen Deus successive cognoscit contingentia, prout sunt in suo esse, sicut nos, sed simul ; quia ejus cognitio mensuratur æternitate, sicut etiam suum esse ; æternitas autem tota simul existens ambit totum tempus. Unde omnia quæ sunt in tempore, sunt Deo ab æterno præsentia, non solum eâ ratione qua habet rationes rerum apud se præsentes, ut quidam dicunt, sed quia ejus intuitus fertur ab æterno supra omnia, prout sunt in sua præsentialitate. Unde manifestum est quod contingentia infallibiliter a Deo cognoscuntur, in quantum subduntur divino conspectui secundum suam præsentialitatem, et tamen sunt futura contingentia, suis causis proximis comparata (I, 14, 13, ad 3 et corp.).

humaine sont déterminés d'avance parce qu'ils sont prévus de Dieu infailliblement. L'infaillibilité de la vision divine, à leur égard, vient de ce qu'ils sont toujours présents à l'éternité divine ; ils restent futurs par rapport à la volonté humaine qui les produit, et par là restent libres en eux-mêmes, quoique connus éternellement de l'intelligence éternelle.

Mais, comment Dieu pourrait-il connaître un acte qu'il ne ferait point ? Le créateur ne peut dépendre de rien ; et, par conséquent, ce n'est pas parce que les choses sont, qu'il les connaît ; mais plutôt elles sont parce qu'il les connaît et qu'il veut qu'elles soient.

Oui, Dieu est cause de tout par sa volonté jointe à son intelligence, et l'acte libre n'échappe pas à cette causalité divine[1]. Mais, si Dieu en est la cause totale comme cause première, l'homme par sa propre volonté en est la cause totale comme cause seconde. Or, en tant que cause première, Dieu cause l'acte humain avec tous ses caractères, et par conséquent avec son caractère essentiel de liberté. Remarquons-le bien : cet acte n'est libre que parce que Dieu veut qu'il soit libre, parce qu'il le fait libre, non seulement en donnant à l'homme et en lui conservant la puissance de volonté libre, mais en appliquant cette puissance à l'opération, en la pénétrant, actuellement et jusqu'au fond, de son influx de cause souveraine, agissant en toute cause.

Cette doctrine très profonde demande à être bien comprise. Voici en quels termes l'exprime S. Thomas :

« Le libre arbitre est cause de son mouvement, parce que l'homme par le libre arbitre se meut lui-même à l'action. Cependant il n'est pas de l'essence de la liberté que ce qui est libre soit la première cause de son acte ; de même que, pour être cause d'une autre chose, il n'est pas nécessaire

---

1. Scientia Dei est causa rerum... Deus per intellectum suum causat res, quum suum esse sit suum intelligere ; unde necesse est quod sua scientia sit causa rerum, secundum quod habet voluntatem conjunctam... Præscire Deum aliqua, quia sunt futura, intelligendum est secundam causam consequentiæ, non secundum causam essendi. Sequitur enim, si aliqua sunt futura, quod Deus ea præscierit ; non tamen res futuræ sunt causa quod Deus sciat (I, 14, 8).

d'en être la première cause. Dieu donc est la première cause qui met en mouvement et les causes naturelles et les causes volontaires. Et, de même qu'en mettant en mouvement les causes naturelles, il ne leur enlève point ce caractère que leurs actes soient naturels ; de même, en mettant en mouvement les causes volontaires, il n'empêche point que leurs actions soient volontaires, mais plutôt il fait en elles ce caractère ; car il opère en tout suivant la propriété de chaque chose[1]. »

« Comme le dit S. Denis, au chapitre 4e du traité *des noms divins*, 23e leçon, il appartient à la Providence divine, non de changer, mais de conserver la nature des choses. Voilà pourquoi il meut toutes choses suivant leur condition ; si bien que des causes nécessaires, par la motion divine, suivent des effets nécessaires, mais des causes contingentes suivent des effets contingents. — Comme donc la volonté est un principe actif non déterminé à un seul acte, mais porté indifféremment à plusieurs, Dieu la met en mouvement de telle sorte qu'il ne la détermine pas nécessairement à un seul acte, mais que son mouvement reste contingent, et non nécessaire, si ce n'est pour ses tendances naturelles. — Il faut donc dire que la volonté divine va jusqu'à vouloir, non seulement qu'un acte soit produit par l'être qu'elle met en mouvement, mais encore qu'il le soit de la manière qui convient à la nature de cet être. Et ainsi, il répugnerait plus à la motion divine que le mouvement de la volonté fût nécessaire, car cela n'appartient pas à sa nature, que si ce mouvement est libre, comme il convient à la nature de la volonté[2]. »

1. Liberum arbitrium est causa sui motus, quia homo per liberum arbitrium seipsum movet ad agendum. Non tamen hoc est de necessitate libertatis quod sit prima causa sui id quod liberum est ; sicut nec ad hoc quod aliquid sit causa alterius, requiritur quod sit prima causa ejus. Deus igitur est prima causa movens et naturales causas et voluntarias. Et sicut naturalibus causis, movendo eas, non aufert quin actus earum sint naturales, ita movendo causas voluntarias, non aufert quin actiones earum sint voluntariæ, sed potius hoc in eis facit ; operatur enim in unoquoque secundum ejus proprietatem (I, 83, 1, ad 3).

2. Sicut Dionysius dicit 4 cap. *de div. nom.*, lect. 23, ad Providentiam divinam non pertinet naturam rerum corrumpere, sed servare. Unde omnia movet secundum eorum conditionem ; ita quod ex causis necessariis per

Ici le déterminisme nous arrête, effrayé d'une conséquence qu'il croit pouvoir tirer de notre doctrine. Si Dieu est cause première de tout acte volontaire, il est donc cause première du mal moral voulu par l'homme ? La volonté divine est donc complice des crimes humains ?

Nullement ; mais il faut savoir que le mal, même le mal moral, n'est en soi que la privation d'un bien dû à l'être, et que cette privation n'est jamais directement ce que veut l'homme : il veut le bien relatif qu'accompagne la privation d'un autre bien.

« Le lion qui tue un cerf a en vue sa propre nourriture, à laquelle est joint l'acte de tuer un animal ; de même le débauché a en vue la jouissance, qu'accompagne la laideur de la faute. Le mal qui est joint à quelque bien, est la privation d'un autre bien. Jamais donc le mal ne serait voulu, pas même accessoirement, si le bien auquel est annexé le mal n'était pas voulu de préférence au bien dont le mal est la privation.

« Or, Dieu ne veut aucun bien plus que sa propre bonté ; il veut cependant quelque bien plus que quelque autre bien. Aussi le mal d'une faute, qui est la privation de l'ordre par rapport au bien divin, n'est-il nullement voulu de Dieu ; mais le mal d'un défaut naturel ou le mal d'une punition, Dieu le veut en voulant quelque bien auquel est joint un tel mal ; par exemple, en voulant la justice, il veut la punition, et en voulant que l'ordre de la nature soit conservé, il veut que certains êtres naturellement périssent.[1] »

motionem divinam sequuntur effectus ex necessitate, ex causis autem contingentibus sequuntur effectus contingentes. Quia igitur voluntas est activum principium non determinatum ad unum, sed indifferenter se habens ad multa, sic Deus ipsam movet quod non ex necessitate ad unum determinat, sed remanet motus ejus contingens, et non necessarius, nisi in his ad quæ naturaliter movetur. — Ergo dicendum quod voluntas divina non solum se extendit ut aliquid fiat per rem quam movet, sed ut etiam eo modo fiat quo congruit naturæ ipsius. Et ideo magis repugnaret divinæ motioni si voluntas ex necessitate moveretur, quod suæ naturæ non competit, quam si moveretur libere, prout competit suæ naturæ (I-II, 10, 4).

1. Leo enim occidens cervum intendit cibum, cui conjungitur occisio animalis ; similiter fornicator intendit delectationem, cui conjungitur deformitas culpæ. Malum autem quod conjungitur alicui bono, est privatio

Ainsi donc, Dieu ne veut jamais le mal moral, mais il veut et il fait tout le bien relatif compris dans l'acte mauvais ; quant à la privation de bien qui constitue le mal moral, elle est le résultat de l'imperfection du libre arbitre. Dieu veut cette imperfection naturelle, parce qu'elle est une perfection relative, utile à l'ordre et à la beauté de l'univers : mais la détermination volontaire de ce libre arbitre n'est imputable à Dieu, cause première, que pour le bien qu'elle vise ; elle n'est imputable qu'à la cause seconde libre, pour la privation de bien qui donne à l'acte son caractère de mal. Dieu permet cette privation : « il ne veut pas que le mal moral arrive, il ne veut pas non plus qu'il n'arrive pas ; mais il veut permettre que ce mal arrive, et cela est bien[1]. » En effet, ce mal moral, sans cesser d'être mal en soi, est l'effet d'une liberté qui, tout imparfaite qu'elle est, n'en est pas moins une noble prérogative digne d'être créée de Dieu ; et, en outre, le mal, tout mal qu'il est, est l'occasion d'un bien ; souvent d'une vertu, comme la persécution suscite l'héroïsme des martyrs ; toujours d'une manifestation de justice, car tôt ou tard le coupable est puni.

Telle est l'éminente dignité de l'homme : il est libre, capable de se déterminer lui-même ; et ce pouvoir, souverain dans sa sphère, dérive de la connaissance et de l'amour du bien absolu. L'âme humaine ressemble ainsi à Dieu, qui, amoureux infiniment et nécessairement de sa parfaite bonté, veut librement les autres biens comme réalisation extérieure et imparfaite du Bien infini, de l'Être divin. Mais Dieu ne tend point à sa perfection ; il s'y complaît en lui-même et en fait resplendir au dehors quelques rayons qui n'ajoutent rien à

alterius boni. Nunquam igitur appeteretur malum, nec per accidens, nisi bonum cui conjungitur malum magis appeteretur quam bonum quod privatur per malum. — Nullum autem bonum Deus magis vult quam suam bonitatem ; vult tamen aliquod bonum magis quam aliud quoddam bonum. Unde malum culpæ, quod privat ordinem ad bonum divinum, Deus nullo modo vult ; sed malum naturalis defectus vel malum pœnæ vult, volendo aliquod bonum cui conjungitur tale malum ; sicut volendo justitiam, vult pœnam, et volendo ordinem naturæ servari, vult quædam naturaliter corrumpi (I, 19, 9).

1. Deus igitur neque vult mala fieri, neque vult mala non fieri, sed vu permittere mala fieri, et hoc est bonum (I, 19, 9, ad 3).

ce qu'il est ;. s'il est vrai de dire qu'il nous a faits pour lui, c'est qu'il ne peut avoir en vue, en créant, que la diffusion de sa bonté ; mais nulle créature n'est pour lui un moyen d'acquérir ni perfection ni félicité. Nous, au contraire, nous sommes en cette vie toujours en voie de devenir, soit meilleurs et enfin plus heureux, si nous nous servons convenablement des vrais biens pour tendre au Bien suprême, soit mauvais et tôt ou tard malheureux, si nous appliquons mal notre libre volonté. Notre sort est entre nos mains : Dieu nous gouverne et nous dirige de haut, mais en nous laissant, à notre place, le gouvernement et la direction de nous-mêmes. Nous serons, en définitive, ce que nous aura fait l'usage de notre propre liberté.

III

Pour compléter la solution du problème du libre arbitre, je voudrais m'arrêter encore un moment sur une considération de nature à faire ressortir toute la valeur de la liberté.

Dans la vie présente, notre volonté s'exerce dans des conditions d'ignorance et de fragilité qui peuvent faire illusion sur sa dignité naturelle. Il faut savoir que ces conditions ne sont pas essentielles à l'existence ni à l'usage du libre arbitre. Il n'est pas nécessaire d'être ignorant, sujet à l'incertitude, au doute et à l'erreur, pas plus qu'il n'est nécessaire d'être capable de mal faire, pour être libre ; loin de là : les êtres les plus libres sont ceux qui ont le plus de science et de sainteté, et Dieu, l'Être parfait par essence, est aussi l'Être souverainement libre.

Peut-être n'a-t-on pas toujours mis cette vérité assez en lumière dans la démonstration du libre arbitre. Voici, par exemple, comment M. Fonsegrive a exposé la théorie de S. Thomas :

« S. Thomas dirait volontiers avec S. Bernard : « la raison a été donnée à la volonté pour l'édifier, non pour la détruire[1]. » C'est ce qu'il établit par une théorie qui forme une

---

1. **Ratio data est voluntati ut instruat illam, non destruat.** (S. Bernard, *de Gr. et Lib. Arb.*, II, 3).

CAHIER (S) OU PAGE (S) INTERVERTI (S) A LA COUTURE
RETABLI (S) A LA PRISE DE VUE.

des parties les plus profondes et, il faut bien le dire, les plus ignorées de sa doctrine. Il remarque d'abord que les moyens se présentent à nous en grand nombre, contraires les uns aux autres. Je veux le bien, et ma pensée me représente tous les moyens qui peuvent me le procurer. Ces moyens ont sans doute avec la fin des rapports réels plus ou moins étroits, mais, pour que je fusse nécessité à choisir l'un ou l'autre, il faudrait que je visse avec certitude leur liaison avec la fin, que je susse de science certaine quel est celui qui est le meilleur. Et à quelle condition pourrais-je avoir cette science ? A la condition que je visse clairement le moyen relié à la fin par un syllogisme ou une suite de syllogismes. — Or, cela n'arrive jamais en réalité, à cause de la faible portée de l'intelligence humaine. Il faut donc nous décider, en dehors d'une certitude démonstrative, d'après des probabilités contingentes, non d'après des nécessités rationnelles. Nous choisissons ainsi parmi les moyens ; c'est nous-mêmes qui décidons du degré de bonté de nos actions ; nous en sommes donc les maîtres. Nous ne resterons jamais immobiles entre deux partis contraires, il y aura toujours une inégalité quelconque entre deux actions ; et nous pourrons prendre parti. Le libre arbitre réside donc dans le choix des moyens ; il tient à la fois, comme le disait le Lombard, de la volonté et de la raison ; il est un décret de la volonté que la raison éclaire, mais d'une clarté faible et vague sans lui imposer aucune nécessité. — Dérivée des doctrines logiques d'Aristote, cette théorie a aussi d'évidentes analogies avec le système de Platon ; c'est parce que nous ne connaissons pas, parce que nous ne savons pas, que nous choisissons souvent le pire en face du mieux. Le libre arbitre ainsi entendu vient de notre impuissance à tout connaître et à tout peser. C'est ainsi que nous sommes libres et dans une sorte d'indifférence entre diverses actions[1]. »

Il semble, d'après cet exposé, que, dans la doctrine de S. Thomas, la cause du libre arbitre soit l'incapacité de tout connaître et de tout peser, et qu'un être plus parfait qui

---

1. Fonsegrive, *Essai sur le libre arbitre*, p. 120, 121.

n'aurait point cette impuissance ne pourrait avoir le libre
arbitre.

Or, tout au contraire, le Docteur angélique enseigne ex-
pressément que le Christ, éclairé même dans sa vie mor-
telle de toutes les lumières divines, et jouissant alors même
de la vision béatifique de Dieu, avait néanmoins le libre
arbitre ; que les anges, même après leur fixation définitive
dans la gloire et dans l'impeccabilité, ont aussi le libre
arbitre ; enfin que Dieu a le libre arbitre, Lui, la Vérité même
et la Sainteté par essence.

Les raisons que donne S. Thomas, pour établir ces thèses
importantes, jettent une clarté décisive sur la nature de la
liberté.

« Le doute, dit-il, n'est pas nécessaire à l'élection, puisqu'à Dieu même il appartient de choisir, suivant cette parole
de l'Épître aux Éphésiens, chapitre 1er : *Il nous a choisis
en lui-même* : quoique cependant en Dieu il n'y ait aucun
doute. Toutefois, on rencontre le doute accessoirement à
l'élection, lorsqu'elle est dans une nature ignorante.....
L'élection, qui présuppose la délibération, n'est cependant la
suite de la délibération qu'autant que celle-ci est déjà fixée
par un jugement. Car nous choisissons, après l'enquête de
la délibération, ce que nous jugeons chose à faire. Et voilà
pourquoi si, sans aucun doute ni enquête préalable, il est
jugé qu'une chose est à faire, cela suffit pour l'élection.
Ainsi, il est manifeste que le doute ou l'enquête n'appartient
pas essentiellement à l'élection, mais seulement selon que
celle-ci est dans une nature ignorante. — Quant à la volonté
du Christ, quoiqu'elle soit déterminée au bien, elle n'est
cependant pas déterminée à ce bien-ci ou à ce bien-là. Voilà
pourquoi il appartient au Christ de choisir par un libre arbitre confirmé dans le bien, comme aux bienheureux[1]. »

1. Hæc tamen dubitatio non est de necessitate electionis, quia etiam
Deo convenit eligere, secundum illud *Eph.*, I : *Elegit nos in ipso* ; quum
tamen in Deo nulla sit dubitatio. Accidit tamen dubitatio electioni, in quantum est in naturâ ignorante..... Electio præsupponit consilium ; non tamen
sequitur ex consilio, nisi jam determinato per judicium. Illud enim quod
judicamus agendum, post inquisitionem consilii eligimus, ut in III *Ethic.*
cap. 2 et 3 dicitur. Et ideo, si aliquid judicetur ut agendum absque dubi-

Remarquons la suite des idées dans cette argumentation.
Comme nous l'avons vu dans le cours de cette étude, la volonté ne se décide que sur un jugement de la raison, auquel
elle donne elle-même force décisive ; l'intelligence propose
une chose à faire, fixe cette proposition dans un jugement,
et la volonté y donne, s'il lui plaît, son consentement. La
liberté de choisir qui reste à la volonté, même après la proposition formulée par le jugement intellectuel, a sa fondamentale raison d'être, non pas dans l'ignorance et la faiblesse
de l'intelligence, non pas dans la possibilité d'erreur que
comporte son jugement, mais dans la contingence même des
objets jugés par elle. Ces objets sont des biens, mais des
biens incomplets, par conséquent des biens par ce qu'ils ont
de bien, et des non-biens par ce qui leur en manque. Une
intelligence infaillible ne peut les juger autrement, puisqu'ils sont ainsi en eux-mêmes. En désignant tel de ces biens
à la volonté par un jugement déterminé, l'intelligence ne
change pas la nature de l'objet qu'elle lui propose ; or, cette
nature même laisse la volonté indéterminée à l'égard de cet
objet, puisque ce qu'il a de non-bien est suffisant pour
lui permettre de s'en détourner ; donc un jugement, même
infaillible, de l'entendement ne saurait porter atteinte au libre
arbitre. La perfection de la volonté ne peut non plus être
un obstacle à la liberté ; car une volonté parfaite ne saurait
être nécessitée par un bien imparfait : elle ne peut vouloir
le mal, c'est-à-dire un bien qui la priverait de sa fin dernière ; mais elle peut vouloir ce bien-ci ou ce bien-là, à son
gré, car celui-ci comme celui-là contient assez de bien pour
lui plaire ; et si elle choisit celui qui en contient le plus,
c'est librement, car même ce bien supérieur est trop inférieur au bien absolu pour qu'elle soit absolument nécessitée
à le choisir.

La démonstration que donne S. Thomas du libre arbitre

tatione et inquisitione præcedente, hoc sufficit ad electionem. Et sic patet
quod dubitatio sive inquisitio non per se pertinet ad electionem, sed solum
secundum quod est in naturâ ignorante. — Voluntas Christi, licet sit determinata ad bonum, non tamen est determinata ad hoc vel ad illud bonum. Et ideo pertinet ad Christum eligere per liberum arbitrium confor-
matum in bono, sicut ad beatos (III, 18, 4, ad 1, ad 2 et ad 3).

des anges bienheureux, montre bien toute sa pensée sur la question qui nous occupe. Comme il s'agit de dissiper tout malentendu sur ce point de sa doctrine, je crois devoir lui laisser la parole pour qu'il nous explique lui-même sa théorie.

« Seul, l'être qui a l'intelligence peut agir par un jugement libre, en tant qu'il connaît la raison universelle du bien, par laquelle il peut juger que ceci ou cela est un bien. D'où il suit que, partout où est l'intelligence, est aussi le libre arbitre. Et ainsi il est évident que le libre arbitre est dans les anges, et même d'une manière plus excellente que dans les hommes, aussi bien que l'intelligence[1].

« Il y a dans les anges un certain amour naturel et un certain amour électif ; et l'amour naturel est en eux le principe de l'électif, parce que toujours ce qui appartient à ce qui est premier a raison de principe : ainsi, comme la nature est ce qui est premier en chaque chose, nécessairement ce qui appartient à la nature est principe en chaque chose. Et cela apparaît dans l'homme, tant pour l'entendement que pour la volonté. En effet, l'entendement connaît les principes naturellement, et cette connaissance produit dans l'homme la science des conclusions, lesquelles sont connues par lui, non pas naturellement, mais par invention ou enseignement. D'autre part, pour la volonté, la fin se comporte comme le principe à l'égard de l'entendement, ainsi qu'il est dit au 2e livre de la *Physique* ; car, de même que l'entendement connaît les principes naturellement, de même la volonté veut la fin naturellement. D'où il suit que la volonté tend naturellement à sa fin dernière : en effet, tout homme veut naturellement le bonheur ; et cette volonté naturelle est la cause de toutes les autres volontés, car tout ce que l'homme veut, il le veut pour la fin. Donc l'amour du bien que l'homme veut naturellement comme fin, est un amour naturel, et l'amour

---

1. Solum id quod habet intellectum potest agere judicio libero, in quantum cognoscit universalem rationem boni, ex qua potest judicare hoc vel illud esse bonum. Unde ubicumque est intellectus, est liberum arbitrium. Et sic patet liberum arbitrium esse in angelis etiam excellentius quam in hominibus, sicut et intellectum (I, 59, 3).

dérivé de celui-là, qui a pour objet le bien qui est aimé pour la fin, est un amour électif. Cependant il y a à cet égard une différence entre l'entendement et la volonté. En effet, comme il a été dit à la question précédente, article 2, l'entendement connaît selon que les choses connues sont dans le connaissant ; et c'est à cause de l'imperfection de la nature intellectuelle dans l'homme, que son entendement n'a pas tout de suite, naturellement, tous les intelligibles, mais certains seulement, par lesquels se fait en quelque manière son mouvement vers les autres. Au contraire, l'acte de la puissance appétitive est selon l'ordre de l'appétit vers les choses. Or, certaines choses sont bonnes par elles-mêmes, et pour cela désirables par elles-mêmes ; certaines tiennent la raison de leur bonté de leur rapport à une autre, et sont désirables pour une autre chose. En conséquence, ce n'est point à cause de l'imperfection de l'appétit qu'une chose est désirée naturellement comme fin, et une autre chose par élection en tant qu'elle est ordonnée à la fin. Comme donc dans les anges la nature intellectuelle est parfaite, il se trouve en eux une connaissance seulement naturelle, et non par raisonnement ; mais en eux se trouvent un amour naturel et un amour électif. Il est bien entendu qu'on ne parle pas ici de ce qui est au-dessus de la nature, car de cela la nature n'est pas principe suffisant[1].

1. In angelis est quædam dilectio naturalis, et quædam electiva ; et naturalis dilectio in eis est principium electivæ, quia semper id quod pertinet ad prius, habet rationem principii. Unde, quum natura sit primum quod est in unoquoque, oportet quod id quod ad naturam pertinet, sit principium in quolibet. Et hoc apparet in homine quantum ad intellectum et quantum ad voluntatem. Intellectus enim cognoscit principia naturaliter ; et ex hâc cognitione causatur in homine scientia conclusionum, quæ non cognoscuntur naturaliter ab homine, sed per inventionem vel doctrinam. Similiter autem, in voluntate finis hoc modo se habet sicut principium in intellectu, ut dicitur in II *Physic.* ; sicut enim intellectus cognoscit principia naturaliter, sic voluntas vult finem naturaliter. Unde voluntas naturaliter tendit in suum finem ultimum ; omnis enim homo naturaliter vult beatitudinem : et ex hâc naturali voluntate causantur omnes aliæ voluntates, quum quidquid homo vult velit propter finem. Dilectio igitur boni quod homo naturaliter vult sicut finem, est dilectio naturalis; dilectio autem ab hâc derivata, quæ est boni quod diligitur propter finem, est dilectio electiva. Hoc tamen differenter se habet ex parte intellectus et voluntatis. Quia, sicut supra dictum est, quæst. præced., art. 2, cognitio intellectus fit

« Les anges bienheureux ne peuvent pas pécher. La raison en est que leur béatitude consiste en ce qu'ils voient
Dieu par son essence. Or, l'essence de Dieu est l'essence
même de la bonté. D'où il suit que l'ange voyant Dieu est
par rapport à Lui comme quiconque ne voyant pas Dieu est
par rapport à la raison générale du bien. Or, il est impossible que quelqu'un-veuille ou opère quelque chose s'il n'a
en vue le bien, ou qu'il veuille se détourner du bien en tant
que bien. Donc l'ange bienheureux ne peut pas vouloir ou
agir autrement qu'en ayant Dieu en vue ; et en voulant ou
en agissant ainsi, il ne peut pécher. En conséquence, l'ange
bienheureux ne peut pécher en aucune manière..... Les
puissances rationnelles se portent aux termes opposés dans
les choses auxquelles elles ne sont pas ordonnées naturellement ; mais, pour celles auxquelles elles sont ordonnées
naturellement, elles ne se portent point aux termes opposés. En effet, l'entendement ne peut pas ne pas donner
son assentiment aux principes naturellement connus ; et, de
même, la volonté ne peut pas ne pas adhérer au bien en tant
qu'il est bien, parce qu'elle est naturellement ordonnée au
bien comme à son objet. Donc, la volonté, dans les anges, se porte aux termes opposés pour beaucoup de choses à
faire ou à ne pas faire ; mais, en ce qui concerne Dieu même,
qu'ils voient être l'essence même de la bonté, ils ne se portent point aux termes opposés ; mais c'est en vue de Lui-
même que se fait leur direction vers toutes choses, quelle
que soit celle des choses opposées qu'ils choisissent : et cela

secundum quod res cognitæ sunt in cognoscente : est autem ex imperfec-
tione intellectualis naturæ in homine quod non statim ejus intellectus naturaliter habet omnia intelligibilia, sed quædam, a quibus in alia quodammodo movetur. Sed actus appetitivæ virtutis est e converso secundum
ordinem appetentis ad res. Quarum quædam sunt secundum se bona, et
ideo secundum se appetibilia ; quædam vero habent rationem bonitatis ex
ordine ad aliud, et sunt appetibilia propter aliud. Unde non est ex imper-
fectione appetentis quod aliquid appetat naturaliter ut finem, et aliquid
per electionem, ut ordinatur ad finem. Quia igitur natura intellectualis in
angelis perfecta est, invenitur in eis sola cognitio naturalis, non autem
ratiocinativa, sed invenitur in eis dilectio et naturalis et electiva. Hæc
autem dicta sunt prætermissis his quæ supra naturam sunt ; horum enim
natura non est principium sufficiens (I, 60, 2).

est sans péché. — Le libre arbitre, par rapport au choix de
ce qui est pour la fin, se comporte comme l'entendement
à l'égard des conclusions. Or, manifestement, il appartient
à la perfection de l'entendement de pouvoir arriver à des
conclusions diverses suivant les principes donnés. Mais,
arriver à une certaine conclusion en violant l'ordre des principes, cela vient d'un défaut de l'intelligence. Conséquem-
ment, que le libre arbitre puisse choisir des choses diverses,
en conservant l'ordre de la fin, cela appartient à la perfection de sa liberté ; mais qu'il choisisse quelque chose en se
détournant de l'ordre de la fin, ce qui est pécher, cela vient
d'un défaut de la liberté. Donc, dans les anges, qui ne peuvent pas pécher, il y a une liberté d'arbitre plus parfaite
qu'en nous, qui pouvons pécher[1]. »

On voit se dégager le fondement de toute liberté : il n'est
ni dans l'ignorance ou la faiblesse de l'intelligence, ni dans

---

1. Angeli beati peccare non possunt. Cujus ratio est quia eorum beatitudo
in hoc consistit quod per essentiam Deum vident. Essentia autem Dei est
ipsa essentia bonitatis. Unde hoc modo se habet angelus videns Deum ad
ipsum, sicut se habet quicumque non videns Deum ad communem rationem boni. Impossibile est autem quod aliquis quidquam velit vel operetur
nisi attendens ad bonum, vel quod velit divertere a bono in quantum hujusmodi. Angelus igitur beatus non potest velle vel agere nisi attendens ad
Deum ; sic autem volens vel agens, non potest peccare. Unde angelus
beatus nullo modo peccare potest..... Virtutes rationales se habent ad
opposita in illis ad quæ non ordinantur naturaliter ; sed quantum ad illa
ad quæ naturaliter ordinantur, non se habent ad opposita. Intellectus enim
non potest non assentire principiis naturaliter notis ; et similiter voluntas
non potest non adhærere bono in quantum est bonum, quia in bonum
naturaliter ordinatur sicut in suum objectum. Voluntas igitur in angelis se
habet ad opposita, quantum ad multa facienda vel non facienda ; sed quantum ad ipsum Deum, quem vident esse ipsam essentiam bonitatis, non se
habent ad opposita ; sed secundum ipsum ad omnia diriguntur, quodcum-
que oppositorum eligant, quod sine peccato est. — Liberum arbitrium sic
se habet ad eligendum ea quæ sunt ad finem, sicut se habet intellectus ad
conclusiones. Manifestum est autem quod ad virtutem intellectus pertinet
ut in diversas conclusiones procedere possit secundum principia data ;
sed quod in aliquam conclusionem procedat prætermittendo ordinem principiorum, hoc est ex defectu ipsius. Unde quod liberum arbitrium diversa
eligere possit servato ordine finis, hoc pertinet ad perfectionem libertatis
ejus ; sed quod eligat aliquid divertendo ab ordine finis, quod est peccare,
hoc pertinet ad defectum libertatis. Unde major libertas arbitrii est in
angelis, quia peccare non possunt, quam in nobis, qui peccare possumus
(1, 62, 8).

l'imperfection ou la perversité de la volonté, mais dans l'imperfection même des biens particuliers : n'étant pas bons par eux-mêmes, et n'ayant qu'une bonté d'emprunt, la volonté la plus parfaite ne saurait les aimer pour eux-mêmes, mais seulement pour une autre fin ; or le bien en soi, le bien par essence est le seul objet auquel la volonté soit ordonnée naturellement et nécessairement ; donc aucun bien particulier ne peut par lui-même nécessiter le choix de la volonté à son égard. Cela reste vrai lors même que la volonté est rendue impeccable par la vision directe de l'essence du bien ; car l'amour indéfectible du bien vu dans son essence, loin de faire juger autrement les biens particuliers, ne peut que mettre en évidence ce qu'ils ont d'emprunté et d'imparfait, et par conséquent élève la liberté et la fortifie, loin de la détruire.

C'est pour cette raison que Dieu est le premier libre, et qu'il a le libre arbitre le plus parfait.

« La volonté de Dieu a une disposition nécessaire à l'égard de la bonté divine, qui est son objet propre. D'où il suit que Dieu veut nécessairement sa bonté, comme notre volonté veut nécessairement le bonheur ; de même que toute autre puissance a une disposition nécessaire à l'égard de son objet propre et principal, comme la vue pour la couleur, parce qu'il est de sa nature de tendre à cet objet. Mais les choses autres que Lui-même, Dieu les veut en tant qu'elles sont ordonnées à sa bonté comme à une fin. Or les choses qui sont pour une fin, nous ne les voulons pas nécessairement en voulant la fin, à moins que sans elles la fin ne puisse être obtenue. Par exemple, nous voulons la nourriture en voulant la conservation de la vie, et un navire en voulant naviguer ; mais nous ne voulons pas ainsi nécessairement les choses sans lesquelles nous pouvons obtenir la fin, par exemple un cheval pour une promenade, car sans cheval nous pouvons nous promener : et ainsi du reste. Donc, comme la bonté de Dieu est parfaite, et qu'elle peut être sans les autres choses, puisqu'elle ne reçoit d'elles aucun accroissement de perfection, il n'est pas nécessaire que Dieu veuille les choses autres que Lui-même, si l'on parle au point de vue absolu ; mais cependant cela est nécessaire par supposition : car, supposé qu'Il veuille, Il ne peut pas ne pas vouloir, parce que sa volonté ne peut changer..... Ainsi, quoique Dieu veuille de toute nécessité sa bonté, cependant il ne veut pas par nécessité ce qu'il veut pour sa bonté, parce que sa bonté peut être sans les autres choses..... Et que Dieu ne veuille pas par nécessité quelqu'une des choses qu'il veut, cela ne vient pas d'un défaut de la volonté divine, mais d'un défaut naturel de ce qui est voulu, à savoir de ce que cet objet est tel que sans lui la bonté de Dieu peut être parfaite. Or, ce défaut est inhérent à tout bien créé[1]. »

« Nous avons le libre arbitre à l'égard de ce que nous ne voulons pas nécessairement ou par instinct naturel.... Donc, puisque Dieu veut par nécessité sa bonté, mais non par nécessité les autres choses, comme on l'a montré plus haut, Dieu, à l'égard de ce qu'il ne veut pas par nécessité, a le libre arbitre.... Mais le mal d'une faute impliquant une aversion par rapport à la bonté divine, en vue de laquelle Dieu veut toutes choses, il est manifestement impossible que Dieu veuille le mal d'une faute : et cependant, il se porte

---

1. Voluntas enim divina necessariam habitudinem habet ad bonitatem suam, quæ est proprium ejus objectum. Unde bonitatem suam Deus ex necessitate vult, sicut et voluntas nostra ex necessitate vult beatitudinem ; sicut et quælibet alia potentia necessariam habitudinem habet ad proprium et principale objectum, ut visus ad colorem, quia de sui ratione est ut in illud tendat. Alia autem a se Deus vult in quantum ordinantur ad suam bonitatem ut in finem. Ea autem quæ sunt ad finem, non ex necessitate volumus volentes finem, nisi sint talia sine quibus finis esse non potest, sicut volumus cibum, volentes conservationem vitæ ; et navem, volentes transfretare. Non sic autem ex necessitate volumus ea sine quibus finis esse potest, sicut equum ad ambulandum, quia sine hoc possumus ire ; et eadem ratio est in aliis. Unde quum bonitas Dei sit perfecta, et esse possit sine aliis, quum nihil ei perfectionis ex aliis accrescat, sequitur quod alia a se eum velle non sit necessarium absolute ; et tamen necessarium est ex suppositione : supposito enim quod velit, non potest non velle, quia non potest voluntas ejus mutari..... Licet Deus ex necessitate velit bonitatem suam, non tamen ex necessitate vult ea quæ vult propter bonitatem suam, quia bonitas ejus potest esse sine aliis..... Quod Deus non ex necessitate velit aliquid eorum quæ vult, non accidit ex defectu voluntatis divinæ, sed ex defectu qui competit volito secundum suam rationem, quia scilicet est tale ut sine eo esse possit perfecta bonitas Dei. Qui quidem defectus consequitur omne bonum creatum (I, 19, 3).

aux termes opposés en tant qu'il peut vouloir que telle chose soit ou ne soit pas ; comme nous, sans pécher, nous pouvons vouloir rester assis ou ne pas le vouloir [1]. »

Voilà donc toute la valeur du libre arbitre. La liberté du mal moral ne lui est pas essentielle ; elle n'est qu'un accident à la volonté libre. L'ignorance, le doute, l'erreur ne sont pas non plus nécessaires à l'exercice du libre arbitre. Loin de là : ce libre pouvoir est en nous, comme en toute créature intelligente, l'image d'une perfection divine ; et plus notre intelligence sera éclairée, mieux elle verra l'imperfection de tout bien autre que le bien suprême, plus aussi notre volonté sera libre et indépendante à l'égard de tout bien qui ne nous paraîtra point nécessairement lié à la parfaite béatitude. Enfin, quand il nous sera donné de voir Dieu directement en lui-même, nous ne serons pas libres de ne pas l'aimer, mais nous conserverons notre libre arbitre à l'égard de tout ce qui ne sera pas en connexion nécessaire avec le bonheur dont nous jouirons en Dieu.

1. Liberum arbitrium habemus respectu eorum quæ non necessario volumus vel naturali instinctu..... Quum igitur Deus ex necessitate suam bonitatem velit, alia vero non ex necessitate, ut supra ostensum est, art. 3 hujus quæst., respectu illorum quæ non ex necessitate vult, liberum arbitrium habet..... Quum malum culpæ dicatur per aversionem a bonitate divinâ, per quam Deus omnia vult, ut supra ostensum est, manifestum est quod impossibile est eum malum culpæ velle ; et tamen ad opposita se habet, in quantum velle potest hoc esse vel non esse ; sicut et nos, non peccando, possumus velle sedere et non velle sedere (I, 19, 10).

APPENDICE

I

L'ordre dans lequel j'ai présenté la démonstration du libre arbitre a provoqué quelque étonnement. « Pourquoi, m'a-t-on dit, ne pas mettre en première ligne la preuve par la conscience ? L'évidence psychologique de notre libre arbitre devait être le premier argument. C'est ce qu'a bien compris Bossuet quand il a dit dans son traité *de la Connaissance de Dieu et de soi-même* : « Un homme qui n'a pas l'esprit gâté n'a pas besoin qu'on lui prouve son franc arbitre, car il le sent, et il ne sent pas plus clairement qu'il voit, ou qu'il oit[1], ou qu'il raisonne, qu'il se sent capable de délibérer et de choisir ».

Je crains qu'il n'y ait ici une méprise, et il me semble, au contraire, que Bossuet, dans l'ouvrage auquel on se réfère, ne présente pas autrement que je ne les ai données d'après S. Thomas les preuves du libre arbitre.

Le passage qui vient d'être cité est tiré de l'article intitulé : « La volonté et ses actes » ; dans le traité *de la Connaissance de Dieu et de soi-même*. Or, dans cet article, cette phrase, dans laquelle Bossuet fait appel à la conscience, ne vient qu'après l'argument fondé sur la distinction entre le bien en général et les biens particuliers, et il est expliqué par ce qui précède. Voici la démonstration tout entière de Bossuet :

« Nous sommes déterminés par notre nature à vouloir le bien général ; mais nous avons la liberté de notre choix à l'égard de tous les biens particuliers. Par exemple, tous les hommes veulent être heureux, et c'est le bien général que la nature demande. Mais les uns mettent leur bonheur dans une chose, les autres dans une autre ; les uns dans la retraite, les autres dans la vie commune ; les uns dans les plaisirs et dans les richesses, les autres dans la vertu. — C'est à l'égard

---

1. Du verbe *ouïr*, entendre.

de ces biens particuliers que nous avons la liberté de choisir, et c'est ce qui s'appelle le franc arbitre ou le libre arbitre. — Avoir son franc arbitre, c'est pouvoir choisir une certaine chose plutôt qu'une autre ; exercer son franc arbitre, c'est la choisir en effet. — Ainsi le libre arbitre est la puissance que nous avons de faire ou de ne pas faire quelque chose. Par exemple, je puis parler ou ne parler pas, remuer ma main ou ne la remuer pas, la remuer d'un côté plutôt que d'un autre. — C'est par là que j'ai mon franc arbitre ; et je l'exerce quand je prends parti entre les choses que Dieu a mises en mon pouvoir. — Avant que de prendre son parti, on raisonne en soi-même sur ce qu'on a à faire, c'est-à-dire qu'on délibère ; et qui délibère sent que c'est à lui à choisir. — Ainsi un homme qui n'a pas l'esprit gâté n'a pas besoin qu'on lui prouve son franc arbitre, car il le sent ; et il ne sent pas plus clairement qu'il voit, ou qu'il oit, ou qu'il raisonne, qu'il se sent capable de délibérer et de choisir ».

La pensée de Bossuet me paraît pouvoir se traduire ainsi : l'homme se sent libre, parce qu'il se sent capable de délibérer et de choisir ; or délibérer, c'est raisonner sur la réalité ou l'apparence de bien que présentent les biens particuliers ; et choisir, c'est appliquer la tendance nécessaire de notre nature pour le bien, le bonheur en général, à mettre notre bonheur dans un bien particulier plutôt que dans un autre bien, particulier aussi.

J'ai suivi, dans la démonstration du libre arbitre, l'ordre même adopté par Bossuet dans le traité *de la Connaissance de Dieu et de soi-même*, et j'ai conclu comme lui, car voici la conclusion de la première partie de mon mémoire : « La délibération peut être très rapide, à peine aperçue, mais, pour qu'un acte soit directement volontaire et libre, il faut que l'intelligence éclaire le consentement de la volonté : tout acte de libre arbitre suppose une certaine connaissance actuelle du bien universel partiellement réalisé dans un bien particulier, et une certaine application à un bien particulier de l'amour naturel de l'âme humaine pour le bien absolu. *Notre conscience saisit, implicitement du moins, ce concours de l'entendement et de la volonté ; elle voit que le bien particulier attire l'amour sans le nécessiter, qu'il l'attire parce qu'il est un bien, mais qu'il ne le nécessite point, parce qu'il est particulier, c'est-à-dire imparfait* ».

Dans le *Traité du Libre arbitre*, chapitre 2, Bossuet dit

que le libre arbitre, ou la liberté de choisir certaines choses
ou de ne les choisir pas, est certainement en nous, et que cette
liberté nous est évidente : 1° par l'évidence du sentiment et
de l'expérience ; 2° par l'évidence du raisonnement. Mais, au
début même de son exposition de la preuve par le sentiment,
il montre que nous nous sentons capables d'appliquer au
choix de tel ou tel moyen particulier d'être heureux la détermination nécessaire de notre nature à désirer le bien, le
bonheur en général. Voici ses propres termes :

« Quant à l'évidence du sentiment, que chacun de nous
s'écoute et se consulte soi-même, il sentira qu'il est libre,
comme il sentira qu'il est raisonnable. En effet, nous mettons grande différence entre la volonté d'être heureux, et la
volonté d'aller à la promenade. Car nous ne songeons pas
seulement que nous puissions nous empêcher de vouloir être
heureux ; et nous sentons clairement que nous pouvons nous
empêcher de vouloir aller à la promenade. De même, nous
délibérons et nous consultons nous-mêmes si nous irons à
la promenade ou non ; et nous résolvons, comme il nous
plaît, ou l'un ou l'autre ; mais nous ne mettons jamais en
délibération si nous voudrons être heureux ou non : ce qui
montre que, comme nous sentons que nous sommes nécessairement déterminés par notre nature même à désirer
d'être heureux, nous sentons aussi que nous sommes libres
à choisir les moyens de l'être ».

C'est donc toujours, au fond, la même démonstration. Or,
cette preuve par le sentiment qui s'appuie sur la distinction
entre le bonheur en général et les moyens particuliers d'ê-
tre heureux, n'est-elle point éclairée par cette phrase que
Bossuet place vers la fin de sa preuve par le raisonnement ?

« A l'égard de tous les biens particuliers, et même du
bien suprême connu imparfaitement, comme nous le connaissons en cette vie, nous avons la liberté de notre choix : et
jamais nous ne la perdrons, tant que nous serons en état de
balancer un bien avec l'autre ; parce que *notre volonté trou-
vant partout une idée de son objet, c'est-à-dire la raison du
bien, aura toujours à choisir entre les uns et les autres, sans
que son objet la puisse déterminer tout seul* ».

J'ai pensé qu'il fallait tout d'abord développer cette distinction rationnelle entre *le bien* et *les biens particuliers*, pour
donner par cela même à la preuve par la conscience toute
sa valeur. Nous avons vu que Bossuet suit explicitement

cet ordre dans *la Connaissance de Dieu et de soi-même*.

C'est aussi la méthode indiquée par S. Thomas, dans la *Somme théologique*. Cependant on m'a opposé deux textes de cette *Somme* dans lesquels, a-t-on dit, S. Thomas attribue à l'homme le libre arbitre parce que l'homme a le pouvoir de comparer entre eux les différents biens perçus et de n'être pas déterminé *ad unum* comme l'animal.

L'un de ces textes est pris dans le corps même de l'article 1er de la question *de libero arbitrio*. « Quœdam agunt judicio, sed non libero, sicut animalia bruta ; judicat enim ovis videns lupum, eum esse fugiendum, naturali judicio, et non libero : quia non ex collatione, sed ex naturali instinctu hoc judicat ; et simile est de quolibet judicio brutorum animalium. Sed homo agit judicio quia per vim cognoscitivam judicat aliquid esse fugiendum vel prosequendum. Sed quia judicium istud non est naturali instinctu in particulari operabili, sed ex collatione quâdam rationis : ideo agit libero judicio, potens in diversa ferri ».

L'autre texte est la réponse à la 3e objection dans l'article 2 de la question 82 : « Vis sensitiva non est collativa diversorum sicut ratio, sed simpliciter aliquid unum apprehendit ; et ideo secundum illud unum determinate movet appetitum sensitivum. Sed ratio est collativa plurium ; et ideo ex pluribus moveri potest appetitus intellectivus, scilicet voluntas, non ex uno ex necessitate ».

Mais ces citations ne prouvent pas que j'aie changé l'ordre de la démonstration de S. Thomas.

En effet, la question *de libero arbitrio*, dont on vient de citer un passage pris dans le corps de l'artice 1er, n'est que la 83e de la première partie de la *Somme théologique*. Or, avant cette question, S. Thomas avait déjà traité, dans la question 82, en quoi la volonté est nécessairement déterminée par sa nature, et en quoi elle n'est pas nécessitée.

J'ai cité, presque tout entier, l'article 2 de cette question 82. Cet article est capital ; il est ainsi intitulé : « Utrum voluntas ex necessitate omnia velit quæcumque vult ». La démonstration de la négative est en forme didactique ; je l'ai traduite littéralement (voir plus haut, p. 9). Elle commence par ces mots, qui posent nettement la thèse du libre arbitre : « Voluntas non ex necessitate vult quæcumque vult » ; et se termine par cette conclusion qui formule de nouveau la thèse : « Patet ergo quod voluntas non ex necessitate vult quæcumque vult ».

Dans cette démonstration, la force de l'argument est dans ce caractère que possèdent les biens particuliers, de n'avoir pas une connexion nécessaire avec la béatitude, de même que certaines propositions contingentes n'ont pas une connexion nécessaire avec les premiers principes : « Sunt autem quædam intelligibilia quæ non habent necessariam connexionem ad prima principia, sicut contingentes propositiones.; et talibus non ex necessitate assentit intellectus... Sunt quædam particularia bona quæ non habent necessariam connexionem ad beatitudinem...; et hujus modi bonis voluntas non de necessitate inhæret ».

Dans ce même article 2 de la question 82, les réponses de S. Thomas à la première et à la seconde objection sont un développement de la même preuve. J'ai traduit ces réponses (voir plus haut, p. 5,). Elles se fondent encore sur la nature des biens particuliers, qui sont des réalisations multiples et imparfaites du bien . « Voluntas in nihil potest tendere nisi sub ratione boni. Sed quia bonum est multiplex, propter hoc non ex necessitate determinatur ad unum. — Quum autem possibilitas voluntatis sit respectu boni universalis et perfecti, non subjicitur ejus possibilitas tota alicui particulari bono ; et ideo non de necessitate movetur ab illo ».

La réponse à la troisième objection, qui termine ce même article, m'a été opposée comme prouvant le libre arbitre par le pouvoir de comparer entre eux les différents biens perçus. « La puissance sensitive, dit S. Thomas, n'est pas une faculté qui compare des choses diverses comme la raison, mais elle saisit simplement une seule chose ; voilà pourquoi, suivant cette seule chose saisie, elle meut d'une manière déterminée l'appétit sensitif. Mais la raison compare plusieurs objets ; et voilà pourquoi l'appétit intellectuel, c'est-à-dire la volonté, peut être mue par plusieurs objets, et non pas nécessairement par un seul. »

Remarquons que cette réponse sommaire vient après le corps de l'article et les réponses aux deux premières objections, et que par conséquent le premier et le principal argument de S. Thomas ne doit pas être cherché d'abord dans cette réponse à une troisième objection, mais plutôt dans le corps de l'article où est une démonstration en forme, comme nous l'avons vu.

Mais, même dans cette réponse, je vois l'application de la théorie de S. Thomas sur l'incapacité qu'ont les biens particuliers de nécessiter l'adhésion de notre volonté. En effet voici comment est présenté l'argument tiré de la comparaison rationnelle : « La raison compare plusieurs objets ; donc l'appétit intellectuel peut être mû par plusieurs objets. » Il y a ici une idée sous-entendue ; c'est celle du résultat de la comparaison. Si ce résultat était un terme unique, par exemple la simple supériorité d'un objet sur un autre, la raison indiquerait ce terme unique à l'adhésion de la volonté, et l'on ne pourrait en conclure le libre arbitre. Mais, en comparant les biens qui se présentent à nous, la raison voit dans chacun d'eux une réalisation imparfaite du bien ; elle voit qu'ils sont *des biens*, et non pas *le bien*, et qu'ils ne sont pas nécessairement liés *au bien* absolu : or, *le bien* absolu est seul capable de nécessiter l'adhésion de la volonté ; voilà pourquoi la volonté n'adhère nécessairement à aucun de *ces biens*, et peut se porter vers celui-ci ou vers celui-là. C'est donc, en définitive, parce que la raison, en comparant les objets, y voit des biens multiples et imparfaits, que la volonté, éclairée par elle, peut être inclinée vers plusieurs de ces objets, et non pas nécessairement vers un seul. Cette réponse de S. Thomas à la troisième objection a besoin d'être lue après ce qui la précède, dans le même article, pour être bien comprise.

De même ce que j'ai cité de la question 82 fixe le vrai sens du corps de l'article 1er de la question 83 *de libero arbitrio* : « Le jugement de l'homme, dit S. Thomas dans cet article, ne vient pas d'un instinct naturel quand il s'agit d'une action particulière, mais d'une certaine comparaison rationnelle : voilà pourquoi l'homme agit par un jugement libre, pouvant se porter vers divers objets. Car, ajoute-t-il (en rappelant manifestement l'article 2 de la question 82), à l'égard de ce qui est contingent, la raison a le pouvoir de se porter aux conclusions opposées, comme on le voit dans les syllogismes dialectiques et dans les persuasions de rhétorique. Or les opérations particulières sont choses contingentes ; et voilà pourquoi, en ce qui les concerne, le jugement de la raison se porte à des termes divers, et n'est pas déterminé à un seul. Donc ce qui fait que l'homme est doué de libre arbitre, c'est qu'il est raisonnable[1]. »

1. « Sed quia judicium istud non est ex naturali instinctu in particulari

On voit que ce qui empêche la volonté d'être déterminée nécessairement dans les opérations particulières, c'est qu'elles ont un caractère de contingence, c'est-à-dire qu'elles pourraient ne pas être, par rapport à la fin dernière de la volonté, ou en d'autres termes, comme le dit S. Thomas dans l'article 2 de la question 82, parce qu'elles n'ont pas une connexion nécessaire avec la béatitude, les biens qu'elles procurent n'étant pas absolument nécessaires pour que l'homme soit heureux. C'est ce caractère que met en évidence la comparaison rationnelle. Donc la cause du libre arbitre, c'est l'application de la raison à des objets contingents dans l'ordre de l'opération ; la comparaison rationnelle montre cette contingence, mais c'est la contingence elle-même qui fait que la volonté peut se porter à plusieurs objets, sans être déterminée nécessairement à un seul. En définitive, S. Thomas reproduit dans la question 83 la preuve même qu'il avait donnée dans la question 82.

Fénelon a exprimé à son tour cette preuve en ces termes: « Il faut avouer que l'homme n'est libre ni à l'égard du bien pris en général, ni à l'égard du souverain bien clairement connu. La liberté consiste dans une espèce d'équilibre de la volonté entre deux partis. L'homme ne peut choisir qu'entre des objets dignes de quelque choix et de quelque amour en eux-mêmes, et qui font une espèce de contre-poids entre eux. Il faut de part et d'autre des raisons vraies ou apparentes de vouloir : c'est ce qu'on appelle des motifs... Mais si le bien suprême venait à se montrer tout à coup avec évidence, avec son attrait infini et tout-puissant, il ravirait d'abord tout l'amour de la volonté, et il ferait disparaître tout autre bien, comme le grand jour dissipe les ombres de la nuit. Il est aisé de voir que, dans le cours de cette vie, la plupart des biens qui se présentent à nous sont, ou si médiocres en eux-mêmes, ou si obscurcis, qu'ils nous laissent en état de les comparer. C'est par cette comparaison que nous délibérons pour choisir ; et quand nous délibérons, nous

---

operabili, sed ex collatione quadam rationis : ideo agit libero judicio, potens in diversa ferri. Ratio enim circa contingentia habet vim ad opposita, ut patet in dialecticis syllogismis et rhetoricis persuasionibus. Particularia autem operabilia sunt quædam contingentia, et ideo circa ea judicium rationis ad diversa se habet et non est determinatum ad unum. Et pro tanto necesse est quod homo sit liberii arbitrii ex hoc ipso quod rationalis est. » (I, 83, 1).

sentons par conscience intime que nous sommes les maîtres
de choisir, parce que la vue d'aucun de ces biens n'est assez
puissante pour détruire tout contre-poids, et pour entraîner
invinciblement notre volonté. C'est dans le contre-poids des
biens opposés que la liberté s'exerce[1]. »

Dans son *Essai sur le libre arbitre*, couronné par l'Acadé-
mie des sciences morales et politiques, M. Fonsegrive n'a
pas craint de s'inspirer de la démonstration du Docteur angélique pour résoudre le problème de notre liberté. J'oserai
l'en féliciter. Toutefois, il y a, comme je l'ai montré, une
nuance entre son interprétation de la doctrine de S. Thomas
et celle que j'en ai donnée[2].

II

L'ACCORD DU LIBRE ARBITRE
AVEC LA PRESCIENCE ET L'ACTION DE DIEU

Il ne faut point se flatter de pénétrer jusqu'au fond le
mystère de l'accord qui doit exister et qui existe entre le
libre arbitre, d'une part, et, d'autre part, la prescience
et l'action de Dieu à l'égard de tout ce qui a l'être en quelque manière. Mais, puisque le déterminisme a prétendu
que ce n'est pas seulement un mystère, qu'on ne peut
qu'imparfaitement comprendre, mais une impossibilité
absolue, qui ruine entièrement tout essai de démonstration
du libre arbitre, il faut bien le suivre sur ce terrain. Aussi
bien, tout problème où sont mises en cause les perfections
divines n'est-il susceptible que d'une solution où l'ombre
reste mêlée à la lumière ; mais aussi n'est-ce pas une raison
de ne point chercher, en pareille matière, à aller jusqu'au
bout de notre intelligence, car il y a toujours gloire pour
Dieu et profit pour nous à consacrer toutes nos forces intel-
lectuelles à saisir ce que nous pouvons de sa nature infinie.

L'objection de la prescience divine se présente la première.
Elle n'a pas toujours été réfutée de la même façon par les
partisans du libre arbitre. La réponse que j'y ai faite d'après
S. Thomas a été quelquefois négligée, même par tel de ses
fervents disciples.

Je rappelle que, d'après le Docteur angélique, « quoique les

1. *Lettre II sur la Métaphysique*, chap. III, 6.
2. Voir plus haut, p. 28.

contingents soient faits successivement, cependant Dieu ne les connaît pas, comme nous, successivement, tels qu'ils sont en eux-mêmes, mais tous à la fois, parce que sa connais-sance est mesurée par l'éternité, comme son être. Or, l'éter-nité, existant tout entière à la fois, embrasse le temps tout entier, comme il a été dit articles 2 et 4 de la question 10 : ainsi tout ce qui est dans le temps est présent à Dieu de toute éternité, non pas seulement parce que Dieu a présentes en lui-même les raisons des choses, comme on le dit quel-quefois, mais parce que son intuition se porte de toute éter-nité sur toutes choses, en tant que pour lui elles sont tou-jours présentes. Il est donc évident que les contingents sont connus de Dieu infailliblement, parce qu'ils sont sous le regard divin comme présents ; et cependant ce sont des futurs contingents, par rapport à leurs causes les plus pro-chaines[1]. »

Il n'y a, d'après cette théorie, dans la prescience divine aucune atteinte à la libre détermination de la volonté par la volonté même ; car, si la science divine est bien une pres-cience en ce sens qu'elle est absolument première en nature par rapport à toutes choses créées, elle n'est toutefois qu'une science du présent, même à l'égard du futur contingent, parce que pour Dieu éternel le futur même est présent. La science de Dieu ne précède donc point dans le temps l'exis-tence dans le temps des événements futurs, mais elle domine et embrasse dans l'éternité, par une vue en bloc, et non successive, tous les événements qui dans le temps se succè-dent sous les modes de passé, présent et futur. Ainsi on ne peut pas dire que Dieu détermine *à l'avance* par sa science infaillible les actes particuliers de la volonté, lesquels dès lors ne sauraient être libres, parce qu'il y aurait contradic-tion à ce qu'une volonté déjà déterminée *à l'avance* infailli-blement à tel acte particulier, se déterminât *ensuite* elle-même librement à ce même acte. Non : cette prétendue détermination, antérieure dans le temps, de la volonté par la prescience divine, n'est qu'une illusion. Dieu voit comme *présent* le futur libre, et dès lors il n'y a pas lieu de s'étonner qu'il le connaisse infailliblement, quoique cet acte, si on le considère par rapport à la volonté sa cause seconde et pro-chaine, soit à la fois futur et libre, c'est-à-dire absolument

1. J, 14, 13. — Voir plus haut, p. 23.

indéterminé relativement aux événements qui l'ont précédé dans le temps.

Si je ne me trompe, cette explication a été laissée dans l'ombre par Bossuet, dans son *Traité du libre arbitre*. Voici, en effet, comment il rend compte de la prescience divine :

« Loin de s'imaginer, dit-il, que Dieu ait donné la liberté aux créatures raisonnables pour les mettre hors de sa main, on doit juger, au contraire, qu'en créant la liberté même, il s'est réservé des moyens certains pour la conduire où il lui plait..... Sans cela on ôte à Dieu la prescience des choses humaines. En effet, si on reconnait que Dieu, ayant des moyens certains de s'assurer des volontés libres, résout à quoi il les veut porter, on n'a point de peine à entendre sa prescience éternelle, puisqu'on ne peut douter qu'il ne connaisse et ce qu'il veut dès l'éternité et ce qu'il doit faire dans le temps. C'est la raison que rend S. Augustin de la prescience divine : *Novit procul dubio quæ fuerat ipse facturus.* Mais si on suppose, au contraire, que Dieu attend simplement quel sera l'événement des choses humaines, sans s'en mêler, on ne sait plus où il peut les voir dès l'éternité ; puisqu'elles ne sont encore ni en elles-mêmes ni dans la volonté des hommes, et encore moins dans la volonté divine, dans les décrets de laquelle on ne veut pas qu'elles soient comprises[1]. »

Ne semble-t-il pas, dans cette opinion de Bossuet, que Dieu ne peut voir de toute éternité les futurs libres, qui ne sont encore ni en eux-mêmes ni dans la volonté des hommes, à moins que Dieu ne décrète lui-même d'avance, de toute éternité, tous les effets particuliers auxquels il lui plait de porter la volonté humaine ? Dans cette manière de présenter la solution de la difficulté, l'éternité parait une série indéfinie antérieure à chaque moment du temps, et non pas un ensemble indivisible coexistant tout à la fois à tous les moments qui se succèdent dans le temps. Bossuet est ainsi amené à exprimer l'opération de Dieu, cause première, sous une forme qui lui donne l'apparence d'une cause nécessitante, même à l'égard de la volonté libre : Dieu détermine antérieurement, décrète, ordonne ce qui lui plait, et la volonté n'a plus qu'à exécuter. Bossuet affirme bien que la volonté exécute librement, parce que Dieu décrète que cette

1. *Traité du libre arbitre*, chap. III.

exécution sera libre, mais il est malaisé de voir comment se
résout cette contradiction entre une volonté agissant librement et un décret divin qui d'avance a déterminé et ordonné,
comme il lui plaît, l'acte précis de cette volonté. « Pour
fonder la prescience universelle de Dieu, dit Bossuet, il
faut lui donner des moyens certains, par lesquels il puisse
tourner notre volonté à tous les effets particuliers qu'il lui
plaira d'ordonner[1]. » S. Thomas, nous l'avons vu, fonde
plutôt la prescience de Dieu sur la coexistence de l'éternité tout entière simultanément à tous les instants successifs du temps. Cette coexistence une fois posée, il est plus
facile d'entendre l'action de Dieu, cause première, concourant avec la volonté libre, cause seconde, à l'opération
humaine.

Et cependant, il ne faudrait pas s'imaginer que ce caractère attribué à l'éternité, d'exister tout entière simultanément, ait été inventé pour les besoins du problème qui nous
occupe. Dans son explication de la prescience divine à l'égard des futurs contingents, S. Thomas a soin de renvoyer
lui-même aux articles 2 et 4 de la question 10 de la première
partie de la *Somme théologique* : or, dans ces articles, il établit que Dieu est éternel parce qu'il est immuable, et que
l'éternité diffère du temps principalement en ce que l'éternité est tout entière simultanément, dans une permanence
immobile, tandis que le temps est la mesure du mouvement.

Toutefois, la coopération de Dieu à l'action libre de la volonté reste mystérieuse. La permanence simultanée de l'éternité tout entière ne suffit pas pour accorder la liberté de
l'opération humaine avec la coopération divine, car il faut
bien que la cause première, Dieu, soit cause de tout ce qui
se fait, comme de tout ce qui est, et par conséquent soit
cause de l'effet même que produit librement notre volonté.
Et ici il faut reconnaître, avec Bossuet, « qu'étant impossible que Dieu emprunte rien du dehors, il ne peut avoir besoin que de lui-même pour connaître tout ce qu'il connaît.
D'où il s'ensuit qu'il faut qu'il voie tout, ou dans son essence,
ou dans ses décrets éternels ; et, en un mot, qu'il ne peut
connaître que ce qu'il est ou ce qu'il opère par quelque
moyen que ce soit[2] ».

---

1. *Loc. cit.*
2. *Loc. cit.*

Comment donc Dieu opère-t-il avec nous nos actes libres ? Qu'on me permette de rappeler la réponse que donne S. Thomas, article 4 de la question 10, dans la première partie de la seconde de la *Somme théologique*.

« Il appartient à la Providence divine, non de changer, mais de conserver la nature des choses. Voilà pourquoi Dieu meut toutes choses suivant leur condition ; si bien que des causes nécessaires, par la motion divine, suivent des effets nécessaires, mais des causes contingentes suivent des effets contingents. — Comme donc la volonté est un principe actif non déterminé à un seul acte, mais porté indifféremment à plusieurs, Dieu la met en mouvement de telle sorte qu'il ne la détermine pas nécessairement à un seul acte, mais que son mouvement reste contingent, et non nécessaire, si ce n'est pour ses tendances naturelles. — Il faut donc dire que la volonté divine va jusqu'à vouloir, non seulement qu'un acte soit produit par l'être qu'elle met en mouvement, mais encore qu'il le soit de la manière qui convient à la nature de cet être. Et ainsi, il répugnerait plus à la motion divine que le mouvement de la volonté fût nécessaire, car cela n'appartient pas à sa nature, que si ce mouvement est libre, comme il convient à la nature de la volonté. [1] »

Ainsi, dans cette doctrine, l'action de Dieu sur notre volonté est une motion, une mise en mouvement, et cette motion applique à l'opération la puissance naturelle par laquelle nous voulons, sans changer la nature de cette puissance, mais au contraire conformément à cette nature. Or, nous l'avons vu en étudiant la volonté en elle-même, notre faculté de vouloir est indifférente et indéterminée en présence de tout bien qui n'est pas le bien parfait : donc Dieu, en l'appliquant à l'action, en la mettant en mouvement, ne saurait la déterminer lui-même à ce bien-ci plutôt qu'à ce bien-là, car cette détermination venant de Dieu rendrait nécessaire l'acte de la volonté et, par conséquent, en changerait la nature. Mais Dieu applique notre volonté à se déterminer elle-même comme il plaît à notre volonté même : il la meut vers le bien, il l'applique à vouloir le bien actuellement, mais il ne la limite pas lui-même à vouloir tel bien particulier plutôt que tel autre. C'est la volonté elle-même qui se détermine ainsi ; mais, comme cette détermination qu'elle se donne est le résultat de l'application actuelle que Dieu fait de notre faculté de vouloir, Dieu est vraiment cause de cette opération volontaire, mais cause première, et notre volonté en est aussi vraiment cause, mais cause seconde.

Il importe de ne pas entendre d'une manière superficielle cette application que Dieu fait de notre volonté à l'opération. Dieu ne nous dirige pas seulement d'une manière vague vers le bien universel, mais, en nous faisant vouloir actuellement le bien, il nous fait vouloir actuellement tel bien particulier qui nous plaît. Rappelons-nous que notre choix de tel bien particulier n'est que l'application à ce bien-ci plutôt qu'à ce bien-là de notre amour naturel du bien universel. Dieu fait en nous cette application, mais en nous faisant déterminer nous-mêmes le bien particulier sur lequel nous voulons la poser.

« Dieu meut la volonté de l'homme, dit S. Thomas, comme moteur universel, vers l'objet universel de la volonté, qui est le bien ; et sans cette motion universelle, l'homme ne peut pas vouloir quelque chose ; mais l'homme par la raison se détermine lui-même à vouloir ceci ou cela, qui est un bien véritable ou un bien apparent[1]. »

Ainsi Dieu met en mouvement notre volonté et nous fait vouloir, mais il ne nous détermine pas à vouloir ceci plutôt que cela ; c'est notre volonté qui se détermine elle-même à ceci ou à cela, sous la motion et par la motion divine. Nous ne parlons ici, bien entendu, que de l'ordre naturel.

Cette solution laisse, il faut l'avouer, une certaine obscurité ; mais on ne peut espérer faire la lumière complète sur une question dont une des données est une perfection divine.

---

1. Deus movet voluntatem hominis, sicut universalis motor, ad universale objectum voluntatis, quod est bonum ; et sine hâc universali motione homo non potest aliquid velle ; sed homo per rationem determinat se ad volendum hoc vel illud, quod est vere bonum vel apparens bonum (1-II, 9, 6, ad 3).

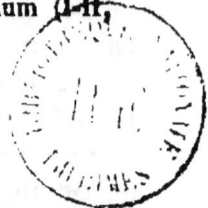

Imp. G. Saint-Aubin et Thevenot, Saint-Dizier, (Hte-Marne) 30, passage Verdeau, Paris.